ロシア（1991年）
1:38,000,000
0 500 1000km
北
ゼムリャ
フランツァヨシファ
バレンツ海
ノヴァヤゼムリャ
カラ海
ムルマンスク
コラ半島
白海
ヤマル半島
ノルウェー
スウェーデン
フィンランド
ヘルシンキ
タリン
エストニア
ラトビア
リガ
リトアニア
ロシア連邦
バルト海
ドイツ
ポーランド
ワルシャワ
ビリニュス
ベラルーシ
ミンスク
ブレスト
アルハンゲリスク
北ドヴィナ川
オネガ湖
ラドガ湖
サンクトペテルブルク
プスコフ
ノヴゴロド
ヤロスラヴリ
トヴェリ
スモレンスク
モスクワ
リャザニ
トゥーラ
ニジニノヴゴロド
カザニ
ペルミ
ウラル山脈
オビ川
ロシア連
西シベリア低地
イルティシ川
エカテリンブルク
チェリャビンスク
ウファ
サマーラ
オレンブルク
オムスク
ノヴォシビルスク
トム
リヴィウ
キーウ
キシナウ
モルドバ
ウクライナ
ハルキウ
クルスク
ヴォロネジ
タンボフ
サラトフ
オデーサ
セヴァストポリ
アゾフ海
ドン川
ロストフ
ヴォルゴグラード
ヴォルガ川
アストラハン
黒海
グルジア
（サカルトヴェロ）
カフカス山脈
グロズヌイ
トビリシ
アルメニア
エレバン
アゼルバイジャン
バクー
カスピ海
トルコ
シリア
イラク
イラン
トルクメニスタン
アシガバット
ウズベキスタン
タシケント
カザフスタン
アスタナ
カラガンダ
アラル海
バルハシ湖
アルマティ
ビシュケク
キルギス
イシク=クル湖
タジキスタン
ドゥシャンベ
アフガニスタン

YAMAKAWA SELECTION

ロシア史 下

和田春樹 編

山川出版社

[カバー写真]

モスクワのクレムリン

目次

上巻目次

山川セレクション

ロシア史 下

第七章　ロシア帝国の動揺

1　日露戦争

世紀初めの状況

十九世紀最後の年である一九〇〇年、ロシア経済の高成長がストップした。不況のなかで、社会各層の不満が社会運動を噴出させ、近代ロシア社会の矛盾が一挙に露呈したかのごとくであった。

先頭を切ったのは学生たちであった。専制権力の束縛に厭《あ》きていた学生たちは一八九九年二月、ペテルブルク帝国大学での学長の抑圧的掲示に反発し、導入された警官隊の暴行に抗議して、二月十一日からストライキに入った。それが翌日には首都の一七大学・高専に拡大し、さらにストは全国に波及したのである。政府は七月二十九日、騒擾《そうじょう》に参加して除籍された学生を懲罰的に徴兵するとの臨時条例を定めた。一九〇〇年末、キエフ帝国大学での小さな事件を契機に起こった抗議運動にこの懲罰条例がはじめて適用され、翌年一月十一日、同帝大生一八三人の懲罰徴兵が発表されると、ペテルブルクとハリコフの学生たちが立ち上がり、全国の大学にストが広がったのである。そのなかで二月十四日、文部大臣ボゴレーポフが留学先のドイツから帰国した学生にピストルで撃たれ、死亡する事件が起こった。一八八〇年代以来絶えてなかった政治的テロリズムの再生である。

このような社会運動の爆発は政治党派の働きかけとはほとんど無関係だった。亡命地での政治党派の動きはむしろ立ち遅れていた。動きは一九〇一年から始まった。まずプレハーノフ、レーニン、マルトフら、マルクス主義者の社会民主主義派が前年十二月から、非合法新聞『イスクラ』を刊行し始め、国内へ送り込んだ。年末には、ナロードニキ系のエスエル党(社会主義者＝革命家党)が結党し、新聞『革命ロシア』を機関紙とした。テロリズムを認め、農民社会主義を追求するのがこの党の個性となる。しかし、その幹部になったアゼフは保安部のエイジェントであった。自由主義者たちはさらに遅れ、一九〇二年六月にストルーヴェらがシュトゥットガルトで雑誌『解放』を創刊し、急進的自由主義の旗をあげた。

大衆運動はさらに進展した。一九〇一年二月二十四日、トルストイの破門が宗務院から発表された。翌日、モスクワでは学生数千人のデモが起こり、外出したトルストイにたいして「おめでとう」という叫びが群衆からかけられた。三月四日、首都のネフスキー大通りで、文相テロル犯の裁判に抗議する学生文化人のデモがあり、カザークが出動して蹴散らした。四人が殺され、一〇〇〇人が逮捕された。

学生に続いて立ち上がったのは自治権侵害に抗議するフィンランド人である。一九〇一年六月二十九日に制定されたボブリコフ総督の新兵役法は、フィンランドの自治を認めたフィンランド大公国憲法違反だとして、撤回を求める請願書が九月十七日に提出された。それには、フィンランド総人口の五分の一、四七万三三六三人が署名していた。

年が明けて、一九〇二年三月、南ロシアのハリコフ、ポルタヴァ両県で農民が四〇年間続いた沈黙を破って地主所領を攻撃した。皇帝が土地を与えてくださるという噂がまたもやよみがえっていた。八〇の地主所領が襲撃され、一〇九二人の農民が裁判にかけられ、八三六人が有罪判決を受けた。四月二日、内相シピャーギンが執務室で軍人に変装した学生に射殺された。翌日、エスエル党戦闘団の犯行声明が発表された。意識的な政治的テロルの宣言であった。

一九〇三年四月にはベッサラビアのキシニョフでユダヤ人襲撃(ポグロム)が起こる。四月六日、パスハ(復活祭)の日からユダヤ人の住居、商店の襲撃が始まり、二日間で一五〇〇軒が破壊され、四九人が殺された。事件の前にツァーリがユダヤ人を襲撃するのを許可したという噂が流れていた。世論は事件の背後に当局者の影を見た。この一連の騒擾事件の激動の最後は労働者の大規模な運動であった。一九〇三年夏、バクーから始まったストライキの波は南ロシアの各都市を覆った。

政党の組織化はさらに進んだ。一九〇三年夏にはブリュッセルとロンドンでロシア社会民主労働党の実質的結党大会が開かれた。第二回大会と呼ばれるこの大会は、党規約をめぐって、ただちにレーニンの「ボリシェヴィキ(多数派)」とマルトフの「メンシェヴィキ(少数派)」が分裂する場となった。レーニン派は党員が非合法組織に加わって活動することを求めたのに、マルトフは党員は党の綱領を認め、党の活動に参加する者でよいとしたのであった。この年はまた、雑誌『解放』を囲んで自由主義者の秘密結社「解放同盟」も設立された。七月、スイスの町シャフハウゼンにゼムストヴォ内の立憲主義者ペトルンケーヴィチ、シャホフスコイらと学者知識人ストルーヴェ、プロコポーヴィチらが集まり、結社設立で合意したのである。

専制の側ではこのような危機に際して、農村問題と労働問題への対策を検討していた。共同体による納税の連帯保証制の廃止問題は長く議論されたが、大蔵省の廃止案に内務省が反対した。合意されたのは、農村産業の窮状を考える特別審議会の設置であり、これは一九〇二年一月二十三日に設置が決まり、ウィッテが議長になった。しかし、シピャーギン内相の暗殺で、プレーヴェが後任になると、蔵相と内相の主導権争いで、改革案審議も行き詰まった。

わずかに労働政策の面で、モスクワ保安部長ズバートフが考えた警察公認の帝政派労働者団体の組織が実施に移された。この団体の一つであるユダヤ人独立労働党(一九〇一年七月結成)はオデッサに組織をつくり、経済闘争を鼓吹した。この組織は一九〇三年の南ロシアのストの波の拡大に貢献するにいたる。これで同党は解散させられ、ズバートフも失脚するにいたった。内務省は一九〇三年六月に労働者災害補償法と労働者の苦情を工場当局へ伝える工場スタ一ロスタ(総代)の選挙法を制定した。だが、経営者側の抵抗で、工場スターロスタ制の導入を個々の企業家の裁量に任せることにしたため、あまり実行されなかった。

そんななか、皇帝ニコライ二世は、なかなか皇太子にめぐまれなかった。四人続けて女子ばかりだったため、帝位継承者たり得る男子を得たいと皇后アレクサンドラ・フョードロヴナは必死だった。そのためにオカルトに走ったり、聖者信仰にもすがった。一八九九年にフランスのオカルト家フィリップに会い、ロシアに招いた。皇帝皇后は彼を「われらの友」と呼ぶようになった。彼は皇太子の誕生を予言した。ようやく一九〇四年七月に五人目の子として、男子アレクセイが生まれた。

社会の停滞を破る変革の時が迫っているという予感がただよっていた。一九〇四年一月、モスクワ芸術座はチェーホフの戯曲『桜の園』を初演した。破産した女性貴族地主の所有地がもと農奴の商人に買い取られ、貴族たちは「桜の園」を去っていく。貴族の娘は叫ぶ。「お別れするわ、私の家。さようなら、古い生活」。ロシアは激動に向かっていた。

日露戦争

この間ロシアは、義和団事件を契機に満洲へ出兵し、占領していた。一九〇二年三月にロシアは、翌年九月までに撤兵すると約束する条約を清国と結んだ。しかし、撤兵と引き替えに清国から特別な利権を獲得する交渉に失敗し、約束の履行は中止された。朝鮮への野望をもつ日本はロシアの動きを警戒した。ロシアは日本の朝鮮への動きにはあえて反対せず、満洲での自らの権益を守ろうとした。クロパトキン陸相もウィッテ蔵相もラムスドルフ外相も日本を刺激しなければ、戦争は回避できると考えていた。他方で、元近衛士官ベゾブラーゾフは、鴨緑江《おうりょくこう》一帯の木材利権に注目して、会社をおこそうとしてきたが、一九〇三年初め、極東にきて中国駐在武官ヴォーガクを知り、彼の考えを受け入れて三大臣に挑戦した。鴨緑江一帯を旅順とウラジヴォストークとを結ぶ中間拠点として、日本の攻撃を防ぐ最前線にすべきだと皇帝を説得した。さらに日本との戦争を防ぐためには、極東の兵力を強化すべきだと主張したのである。彼は皇帝の信頼を得るにいたり、七月には極東の一元管理のための太守制が採用され、太守にはアレクセーエフが任命された。ウィッテは蔵相職から解任された。しかし、皇帝は陸相、外相の更迭《こうてつ》には賛成しなかった。

日本はシベリア鉄道の完全開通を恐れていた。朝鮮を保護国にすることをロシアに認めさせ、ロシアが拒否すれば、戦争に訴えるという考えで、一九〇三年九月から日露交渉を開始した。結局のところ、ロシアは日本が朝鮮を完全なる保護国にすることを承認せず、朝鮮の領土を「戦略的目的のために利用してはならない」との条項を協定に盛り込むべきだと主張した。また、ニコライ二世は朝鮮の北部に中立地帯を設けるという考え方に最後まで固執した。結局、日本は交渉では望んだものを得られなかったのである。

一九〇四年一月二十四日、日本は国交断絶をロシアに通告した。すでにこの時点で開戦を決定していた。ロシア政府は国交断絶の通告を受けても少しも動じない。二十六日になって特別会議を開いた。皇帝は日記に「こちらからは始めないと決定した」と書いている。この日の夜、宣戦布告のないまま、日本海軍が旅順と朝鮮の仁川で攻撃を開始し、ロシアはたちまち太平洋艦隊の半分の艦船を失った。日露両国は一月二十八日に宣戦布告を出した。そもそも国内の危機的状態を考えれば、遠い極東の戦場に大兵力を送ることはロシアにとって致命的であった。それでも二月三日、クロパトキン陸相が総司令官となって、援軍とともに極東へ向かった。太平洋艦隊司令官にはロシア海軍の英才といわれたマカロフ提督が任命されたが、三月三十一日、旗艦が機雷にふれて沈没し、マカロフは戦死した。これはロシアにとっての不幸だった。

戦争は極度に不人気であった。反政府派は戦争反対にまわった。社会主義者は日本の社会主義者との連帯を強調した。社会民主党の新聞『イスクラ』は、五月には「日本社会主義者の手紙」を載せ、それにたいして「熱烈な挨拶」をそえた。メンシェヴィキのマルトフはロシアの満洲支配にも反対で、日本の朝鮮支配にも反対する、自分たちのスローガンは「日本万歳」ではなく、「平和万歳」だと主張した。

六月三日、フィンランド総督ボブリコフがフィンランド人民族主義者によって暗殺された。ついで七月、首都の路上で人々の怨嗟《えんさ》の的であった内相プレーヴェがエスエル党戦闘団によって爆殺された。

このテロルが自由主義者を含め、広く支持されたということは日露戦争を戦う専制政府にとって由々しい事態であった。八月のアムステルダムの社会主義インターナショナル大会では、プレハーノフと片山潜《せん》は壇上で握手し、満堂の喝采を浴びた。しかし、すでにプレハーノフは敗戦主義に傾き、「日本は圧迫された諸民族にかわって復讐しているのだ」「ロシア政府は文明の敵である」と演説した。

事実、帝国内の被圧迫民族、ポーランド人、フィンランド人、ユダヤ人のなかには、日本の勝利を願い、日本と連絡する動きが出た。ポーランド社会党はポーランド人兵士に脱走の呼びかけをおこなったほか、日本軍の捕虜となったポーランド人兵士から民族の独立闘争のためのポーランド人部隊を組織することをめざした。そのために同党幹部ユーゼフ・ピウスツキが一九〇四年六月末、日本を訪問している。

敗北と国内危機

満洲の戦場では、このときようやく最初の本格的な会戦である遼陽の会戦(一九〇四年八〜九月)がおこなわれた。クロパトキンは二二万の兵で一三万の日本軍と戦ったが、作戦の失敗から、総退却を命令しなければならなくなった。続く沙河《さか》の会戦(同九〜十月)は引き分けであったが、日本軍の損失二万五〇〇〇にたいして、ロシア軍の損失は四万一〇〇〇である。勝利できないロシア軍の印象は悪化していた。

プレーヴェの後任の内務大臣には八月二十六日にスヴャトポルク＝ミルスキー公爵が就任し、ゼムストヴォの活動に自由を与え、行政流刑に処せられていたゼムストヴォ議員を解放するなど、柔軟な路線に転換した。「自由主義者の春」と呼ばれる時期が到来した。革命派は九月十七日から二十二日にかけてパリで反政府党・革命党会議を開き、専制打倒、民族自決権の尊重をめざす方針を採択した。この会議には解放同盟とエスエル党のほか、フィンランド民族主義党、ポーランド社会党、ポーランド国民連盟、グルジア革命的社会主義者連邦派党、アルメニア革命連合、ラトヴィア社会民主同盟など八団体が参加した。この会議の組織には、フィンランド人の活動家ツィリアクスが日本の元駐在武官明石元二郎から獲得した日本政府の資金が使われたことが、注目される。

十月二日、太平洋艦隊を支援するため、ロシア海軍の精鋭、バルト海艦隊が地球一周の航海に出発した。ロジェストヴェンスキー提督が率いる戦艦七隻、巡洋艦六隻、駆逐艦六隻の大艦隊である。十一月二十日と十二月十四日、解放同盟は、司法制度改革四〇周年、デカブリスト反乱記念で、それぞれ六〇〇〜七〇〇人が集まる大宴会を首都で開き、憲法と戦争の中止を求める決議を採択して、政府に圧力を加えた。

こういう状況に直面したスヴャトポルク＝ミルスキー内相は十一月末、国家評議会に国民代表を加え、立法機関たらしめるという改革案を提案した。一八八一年に葬られたロリス＝メリコフの改革案に続く専制体制改革の提案である。しかし、この案はウィッテ、ココフツォフの支持も得られなかっ

奉天に後退するロシア兵　戦争は中国人の民家のある地域でおこなわれた。従軍画家N.サモキーシの画集『戦争』より。

た。そこで合意のとれた改革の内容を明示した改革勅令が十二月十二日に出された。行政不当行為にたいする司法的救済、ゼムストヴォの権限の拡大、司法の独立、労働者国家保険、宗教上の寛容、ユダヤ人差別の再検討、出版の自由の拡大、農民問題の一般的再検討などが挙げられていた。もとよりこの程度の改革の約束では事態は乗り切れなかった。

日本軍は開戦直後から旅順要塞を攻めていた。乃木希典《のぎまれすけ》第三軍司令官は八月六日より総攻撃を命じたが、犠牲が大きく、二次にわたり攻撃は失敗した。十一月十三日からの第三次総攻撃で二〇三高地を占領した日本軍はこの山頂から要塞を砲撃し、戦況を打開することに成功した。要塞守備隊はなお防衛戦継続を主張したが、司令官ステッセリは十二月十九日、降伏の軍使を乃木のもとに送った。二十日、水師営《すいしえい》で両司令官の会談がおこなわれ、旅順要塞は降伏した。ステッセリはのちに裏切り者として軍法会議にかけられ、死刑判決を受けることになる。

革命党のなかには、すでに日露戦争でロシアが敗北することが専制権力の権威を失墜させ、革命を招き入れるという敗戦主義の考えが広まっていた。旅順の陥落に際して、ボリシェヴィキのレーニンは「進歩的な、進んだアジアは、遅れた反動的なヨーロッパに、取り返しのつかない打撃を与えた」とし、ロシアのプロレタリアートは「専制を壊滅させた日本のブルジョワジーが果たしているこの革命的な役割」を直視すると書いたのである。

2　一九〇五年革命

血の日曜日と革命の拡大

一九〇五年一月九日、司祭ガポンに率いられた首都の労働者とその家族数十万は皇帝の宮殿、冬宮をめざして「プラウダ(真実・正義)」を求める行進を開始した。ガポンが一九〇四年四月に設立にこぎつけたペテルブルク市ロシア人工場労働者の集いは、ズバートフの構想による警察公認団体であった。しかし、ガポンはこの組織で労働者の運命を改善すべく請願書を皇帝に差し出すことを考え、時を待っていた。旅順の陥落はその時がきたとガポンに受け取られた。彼は、皇帝にプラウダの実現を求めて宮殿に向かい、それが得られなければ宮殿の前で死ぬつもりだという請願書に署名を集めたのである。具体的には、憲法制定会議の召集、政治的自由、法の前の平等、団結権、八時間労働日が要

血の日曜日事件　労働者のデモはヴァシーリエフスキー島支部からも出て進み，待ち構えた軍隊の発砲を受けた。

求されている。人々は死を覚悟して、十字架、イコン、皇帝の肖像を掲げて、支部ごとに、市の各地から冬宮めざして行進した。だからこそ軍隊の威嚇《いかく》にもかかわらず前進できたのである。軍隊はナルヴァ門や冬宮広場などで発砲し、多数の死者（公式発表では一〇〇人前後）を出した。民衆のツァーリ崇拝は動揺し、全国に抗議のストライキが広がった。とくにワルシャワやウッチ、それにリガといったポーランド、バルト海沿岸地方では、労働者が軍隊と衝突し、死者を出した。「血の日曜日」事件は第一次革命の発端となった。

最初に動いたのは企業家たちであった。一月中にペテルブルク、モスクワの企業家、鉄鋼業界が政府に意見書を提出した。労働問題に関する意見書ではあったが、等しく「全国家的性格のより深い改革」を求めていた。ブルジョワジーのこのような動きはかつて例をみないものであった。

政府はさすがに動揺した。二月四日に皇帝の伯父、モスクワ総督セルゲイ・アレクサンドロヴィチ大公が暗殺されたことも深刻な印象を与えた。ペテルブルク総督に任命されたトレポフは労働者の要求を聞くための代表者会議を設置する構想を推進した。しかし、選ばれた労働者代表は二月十七、十八日、自分たちで集まり、憲法制定会議召集を決議するありさまだった。皇帝は国有財産相エルモーロフの提案で二月十八日、人民代表を法案の作成と討議に参加させる、国家ドゥーマを開設するための特別審議会を設置せよとの勅書を内相ブルイギンにたいして発した。この勅書は公衆には支持された。

しかし、始まった革命は、労働者、被抑圧民族、農民、そして水兵のなかに広がっていった。二月末の奉天会戦では日本軍二五万の総攻撃を受けて、三二万のロシア軍は退却した。そしてついに世界を一周したバルト海艦隊は五月一日に日本海を北上した。これを迎え撃った東郷平八郎提督の率いる連合艦隊は、対馬沖の海戦でバルト海艦隊をほぼ全滅させる勝利を得た。「ツシマ」での壊滅の報は専制政府の威信を決定的に失墜させた。六月のポーランド、ウッチのゼネストは反乱の様相を呈し、六月十四日に始まる黒海艦隊の戦艦ポチョムキン号の水兵反乱も衝撃を与えた。

春から初夏にかけて農村が不穏になった。中央農業地帯とヴォルガ川沿岸中流域で、村共同体の取り決めによる村ぐるみの運動が広がった。地主にたいして借地料引き下げ、賃金、報酬の引き上げを求める運動である。他方で五月五日にモスクワ農業協会のイニシアティヴでモスクワ県農民大会が開かれ、それが基礎になって、七月三十一日にはモスクワで全ロシア農民同盟設立大会が開かれるにいたった。この同盟は憲法制定会議の召集と土地私有の廃止、地主地の部分的補償つき収用を要求に掲げた。職業別にも民族別にも団体の結成が進み、集会はもはや当局が取り締まれるものではなかった。ポーランド、バルト海沿岸、ザカフカースでは、民族運動が高まった。要求は憲法制定会議の召集であり、民族的自治であった。

政府は七月十九日から二十六日にかけてペチェルゴフで皇帝臨席のもと四八人が出席する協議会を開き、ブルイギン原案に基づく大臣評議会案を検討した。この検討に基づき、八月六日に諮問国会（国家ドゥーマ）の開設が定められ、公布された。ドゥーマで検討された法案は国家評議会でさらに検討されるとされ、どちらで採択されても、皇帝のもとに提出されるとされた。しかし、選挙法が選挙権をきわめて制限された人々に与えるものでしかなかったので、この案は国民を満足させ得なかった。八月二十七日に大学の自治が復活され、大学構内に警察が立ち入らなくなると、労働者市民が大学で集会を開くようになり、大学は解放区と化していった。政府としては、何としても戦争を終えなければ、事態を切り抜けられないことは明らかであった。

ポーツマス講和から十月詔書へ

そこでロシアは五月末にアメリカ大統領セオドア・ローズヴェルトが申し出ていた仲介を受け入れ、ポーツマスでの講和交渉に臨んだ。全権に選ばれたのはウィッテであった。ウィッテは領土の割譲も賠償金の支払いも認めてはならないという訓令を与えられていた。七月二十七日、小村寿太郎全権とのあいだで会談は始まった。日本側は朝鮮の自由処分を要求するとともに、講和会議の直前、日本軍が占領したサハリン全島の割譲と賠償金の支払いを求めた。ウィッテは朝鮮については、主権に影響することがらは韓国の同意を経ておこなうと盛り込めばよいとし、会議録にその文言を入れることで合意したが、訓令によってサハリンの割譲は認めず、賠償金の支払いも拒絶した。交渉は暗礁に乗り上げた。ウィッテは、サハリンの南半分を日本に渡すことで妥結することを決断し、一二億円の支払いものむことにした。しかし、皇帝はこの譲歩案を拒絶した。八月十五日、小村からの電報を受け取った日本政府は、サハリンと賠償金をともに放棄しても、講和を結ぶという方針を打電した。しかし、その直後、ロシア皇帝は南サハリンの譲渡は可能だと示唆しているとの情報が入り、修正方針が打電された。他方、ウィッテは皇帝の意志を無視して、南サハリンの譲渡で講和を結ぶ腹を決めていた。十六日、両全権はこの点で合意した。皇帝はウィッテの報告を聞いて、「終日頭がくらくらした」と十七日の日記に書いている。しかしながら、皇帝はウィッテの決断を受け入れざるを得なかった。講和条約は八月二十三日に調印された。ロシア軍部には強い不満が残り、ロシアの勝利を期待していた韓国皇帝高宗の絶望は深かった。

戦争が終わったからといって、革命的な情勢が鎮静化するものではなかった。秋には農村で地主地焼き討ちが始まった。共同体が中心になって、村会の取り決めによって地主を追い出す方向へ進んだのである。焼き討ちはサラトフ県から起こり、十月にはタムボフ県の四郡に広まった。「赤いおんどり」と呼ばれたこの騒擾に軍隊が出動し、激しい弾圧を加えた。農村のこのような敵対を背景に、高まりつつある全国の革命的な気分は十月に絶頂に達した。九月に始まったモスクワの印刷工のストライキは学生と結びつくことによって、政治的な性格を帯び、十月七日にモスクワ―カザン線の鉄道員たちがストに入ることによって、全国的な鉄道員のストに発展し始めた。ペテルブルクでも印刷工のストと学生が結びつき、全市ゼネストをめざす動きが起こっていた。そのなかで十月十三日、労働者委員会が労働者代表の選出を呼びかけた。この代表たちがペテルブルク労働者代表ソヴィエトと名乗るようになった。議長に就任したのは弁護士のフルスタリョーフ＝ノサーリであり、トロツキーが重要な活動家として登場した。

こうしてモスクワから始まった動きは、全国民的な政治ゼネストに発展した。労働者だけでなく、学生も教師も、市民も役人も加わった。十月半ばには労働者と鉄道員が一五〇万人、商店主・店員、官吏など二〇万人、その他学生、知識層など三〇万人がストに加わっていた。

ポーツマス講和から帰ったウィッテは事態打開の対策として市民的自由と国会開設の約束をおこなうことを皇帝に進言した。皇帝は、動揺のすえ、皇太后やニコライ・ニコラエヴィチ大公の説得を受け、ついに十月十七日、十月詔書を発布した。人身の不可侵、良心・言論・集会・結社の自由を認める、予定されていた国家ドゥーマの選挙を、より多くの国民が参加できるように選挙法を改めて、実施する、国家ドゥーマの性格も改めて、諮問機関ではなく立法機関、国会とするという内容であった。

ウィッテは新たに設けられた首相職に就任した。

十月詔書後、政府は労働組合などの団体結成の合法化やストライキにたいする刑事罰の廃止などの措置を講じた。大方の市民層、ブルジョワジーは十月詔書とその後の措置を満足をもって受け止めた。すでに急進的な自由主義者たちは立憲民主党(カデット)を発足させていた。穏健な自由主義者は、グチコフを中心に「十月十七日同盟」を結成した。こちらはオクチャブリストと呼ばれた。自由主義者たちは、今や街頭から制度のなかへ入ろうとしていた。

しかし、労働者ソヴィエトは革命をさらに進めようとした。したがって、国民のなかに亀裂が走ることになったのである。当局はフルスタリョーフ゠ノサーリやトロツキーらのペテルブルク・ソヴィエトの幹部たちを逮捕した。

十二月七日、モスクワで労働者がバリケードをつくって自分たちの解放的な空間を守ろうとした。これにたいして、軍隊が全面攻撃を加え、十六日に壊滅させた。これはモスクワ蜂起として説明されるが、何か獲得目標を定めた行為ではなかった。しかし、不安を感じた国民の一部と労働者のあいだの分裂は、この事件以後、決定的になった。

3　一九〇六年憲法体制下の国家と社会

一九〇六年憲法と国会開会

一九〇六年二〜三月に国会（国家ドゥーマ）の選挙が、十二月に制定された新しい選挙法で全国的におこなわれた。この選挙はクーリヤ（分区）別・多段階選挙であった。それぞれ財産資格のある土地所有者クーリヤ、都市民クーリヤのほか、農民クーリヤ、労働者クーリヤも設けられた。革命派はボリシェヴィキもメンシェヴィキも、選挙ボイコットを表明し、エスエル党は無視という態度をとった。結果は解放同盟の流れをくむ立憲民主党（カデット）が四四八議席中一五三議席、穏健な農民派トルドヴィキが一〇七議席、民族自治派が六三議席、オクチャブリストが一三議席を獲得した。

選挙で選ばれる国家ドゥーマに立法権をもたせるとすると、より保守的な第二院、上院を配してバランスをとろうという志向がツァーリ政府のなかに生まれた。これまで存在していた国家評議会を改革して上院とし、勅任議員のほかに、団体代表を参加させるようにする法令が一九〇六年二〜四月に出された。代表を出すのは、各県の貴族団、ゼムストヴォ県会、正教会、科学アカデミー、商工業団体などである。

そのうえで、一九〇六年四月二十三日憲法が公布された。国民は憲法制定会議の召集、民意による憲法の制定を求めたのだが、専制政府は大臣会議で検討した案をツァーリが臨席する会議で採択して下賜したのである。これは紛れもない欽定憲法であった。第一条は「ロシア国家は単一にして不可分である」とあり、第二条でフィンランド大公国の特別な地位を定め、第三条で「ロシア語は全国家語である」としている。第四条は「全ロシア皇帝に最高専制権力が属す。その権力にたいして畏怖の念によるのみならず衷心より服従することは神の命じ給うところである」とあり、専制に変化がないかのごとくであるが、第七条に「皇帝陛下は国家評議会と国家ドゥーマと協力して立法権を行使する」との規定が置かれ、第八六条に「いかなる新しい法律も国家評議会と国家ドゥーマの是認なくして生まれず、皇帝陛下の承認なくして発効し得ない」と規定された。これは立憲専制体制と呼ぶべきものだろう。さらにこの憲法においてはじめて「臣民の権利と義務」が明記された。身分をこえて、全国民が臣民として一体的にとらえられることが始まったのである。

ウィッテはトレポフ派の圧力で、憲法制定の前日に首相を辞任し、ゴレムイキンに譲った。新首相は保守的な内務官僚であった。内相には農民運動の強権的鎮圧で評判となったサラトフ県知事ストルイピンが任命された。

憲法発布の四日後に第一国会(国家ドゥーマ)が開会した。議長は法学者のムーロムツェフである。政府はカデットとトルドヴィキが中心に立つ国会での土地問題の審議を望まなかった。カデットは一部私有地の強制有償収用を骨子とする四二人法案を出した。トルドヴィキは土地を全人民の財産とし、分配は勤労原理でおこなうという一〇四人法案を提出した。政府はこのような法案にたいして敵意を示した。その結果、わずか二ヵ月余りで、七月九日、第一国会は解散させられた。解散させられた議員たちはこの日の深夜ヴィボルグのホテルに集まって、国会の擁護を訴え、国会が召集されるまでは、税金を納めず、兵役に応じないように呼びかける一六七人の議員のヴィボルグ・アピールを発した。しかし、クロンシタットとスヴェアボルグで水兵の反乱が起こったものの、それ以外の動きはなく、状況の変化はなかった。革命は退潮していたのである。

国会解散とともに、首相ゴレムイキンは解任され、新首相には内相兼務のままストルイピンが任命された。

ストルイピンの改革政治

名門貴族の出身で、ペテルブルク帝国大学で自然科学を学んだ合理主義者で、西部の多民族地域グロドノ県で知事をしたストルイピンは、帝政最大の改革者であった。彼は農業・農民問題と民族問題への取り組みが必要だと考えていた。改革構想の要《かなめ》に共同体からの農民の離脱を促進し、自立的な農民経営を育成する農業改革を置いた。それに付随して農民の身分自治機関である郷の改革、村の共同体と切り離された都市の労働者のための医療労災保険などが構想された。宗教政策の面での改善とゼムストヴォ制度のバルト海沿岸・西南部諸県への拡大は民族問題への対応策として考えられていた。

政治的には革命運動は仮借《かしゃく》なく弾圧しながら、対外的には親英・親独の平和政策をとり、「内外における二、三〇年間の平静」を改革実現のために確保しようとした。

彼がまず浴びたのは爆弾の洗礼である。一九〇六年八月十二日、ストルイピン一家が住んでいたアプチェカルスキー島の邸が爆弾テロルを受け、彼の子どもたちが負傷した。一週間後、野戦軍法会議設置の勅令が公布された。四八時間で判決、二四時間以内に判決執行という即決裁判である。八月から翌年七月までのあいだに野戦軍法会議は一一〇二人に死刑判決を下した。

土地改革は一九〇六年十一月九日の勅令で着手された。農民が共同体のなかで割りあてられている土地を私有地とすることを可能にし、さらに農民の希望によって散在している土地を一ヵ所に集中して団地をつくることを奨励するものであった。この団地をオートルプといい、共同体の集村から住居を自分の団地のなかに移したものをフートルという。そのような独立自営の強固な農民経営をつくり出し、ロシア農業の発展、新しい村づくりの担い手にしようというのである。ここから始まった改革事業により一九一四年までに共同体から出て私有地化した農民は全体農家の二割であり、団地化までした者は一割であった。このテンポにはやはり農民のなかに根強い反発があった

ストルイピン

ことが影響しているとみるべきであろう。

国会(国家ドゥーマ)が解散中とのことで、これらの勅令は憲法第八七条の規定により公布された。この条項は、そうして出された勅令はつぎの国会で開会から二カ月以内に法案として上呈されなければならないと定めていた。

五ヵ月余りの空白ののちに、一九〇七年一～二月に国会選挙がおこなわれ、二月二十日、第二国会が開会された。第二国会には社会民主党、エスエル党も加わったので、トルドヴィキ中心の革新派は二三二人を占め、最大勢力となった。カデットは九八人、民族派は七五人であり、全体としてより一層反政府的であった。野戦軍法会議設置の勅令を法案として国会に上呈することを政府は諦め、勅令は廃止された。しかし、土地改革勅令はそれではすまされない。上呈された土地改革関係の諸法案は国会によって否定される趨勢《すうせい》が明らかになった。そこでストルイピン首相は六月三日、国会をふたたび解散させるとともに、政府からみれば「改良」した新選挙法を公布した。独立した農民クーリヤは廃止され、土地所有者クーリヤの比重が高められた。十一月一日に開会した第三国会はようやく穏健自由主義のオクチャブリストが一二五議席で第一党となり、以下国権派九〇、右派五一というように、構成は保守化した。カデットは五三、進歩派・平和改新党三九、トルドヴィキ一三、民族派二六であった。政府はようやく協力できる国会(国家ドゥーマ)をつくり出すことに成功したようにみえた。

それでも、改革法案を二院制の立法府を通して成立させるのには時間を要した。一九〇六年十一月九日の勅令を法律にできたのは実に一九一〇年六月十四日のことであった。労働者保険法は企業家の抵抗でなかなかまとまらず、一九〇八年六月に国会に上呈されたが、両院を通過して法律となったのは、一九一二年六月二十三日のことだった。

さらに、この土地改革とセットになる地方行政改革、宗教的制限の撤廃法案などが議会で阻止されたことも深刻であった。ストルイピンの法案は下院の国家ドゥーマでは、しばしば保守的として修正され、それが上院の国家評議会へまわると、政府原案自体が過激だとして修正されるか、棚上げにされてしまうのであった。この現象はストルイピン症候群といえるものである。この状況を突破するためにストルイピンはしばしば憲法第八七条を拡張して使い、開会している国家ドゥーマを一時休会させ、そのあいだに皇帝の勅令で法律を公布するというやり方をとることになった。制限つきではあるにせよ、西部諸県に居住するポーランド人地主に地方自治に参加する権利を認め、西部諸県にゼムストヴォ制度を拡大する法案は右翼の攻撃にさらされた。このためストルイピンは一九一一年三月十四日、第八七条により強引に勅令として法律を公布した。これは国家ドゥーマ、国家評議会を屈服させるだけでなく、ツァーリの権限も道具に使うもので、あらゆる意味で強引過ぎる手法であった。皇帝はすでにストルイピンを信頼しなくなっていた。

ストルイピンは、一九一一年九月五日、キエフ臨幸中の皇帝の面前で、もとは警察スパイであったユダヤ人青年に暗殺された。しかし、すでにストルイピンの政治生命はその肉体的死の前に終わっていた。問題は一九〇六年憲法体制の危機であった。

社会の再編と新しい文化

ふたたび革命の気運が起こった。ブルジョワジーの力は強まっていて、彼らは革命を求めていた。綿工業の大立者《おおだてもの》リャブシンスキーは一九一二年の元旦に、貴族、官僚にかわって「ロシアの第三身分」がこの国を導かなければならないと宣言した。今や経済だけでなく、文化的にみても貴族の時代は去り、ブルジョワジーが支える都市文化の時代がきていた。それが「銀の時代」の内容である。ブルジョワジーは西欧文化の最先端と結びついていた。マチスと青の時代のピカソの絵はモスクワの商人シチューキンの邸宅でなければ見ることができないという状態であった。ブルジョワジーは自らの力にふさわしい政治的な地位を求めていた。

一九一二年十二月に第四国会（国家ドゥーマ）の選挙がおこなわれた。モスクワ綿工業界の大立者コノヴァーロフは新しく進歩党を結成して選挙に臨んだ。結果は、オクチャブリストが九六と第一党ではあったが、国権派と穏健右派が八八、右派が六四と若干増えていた。進歩党は三二であった。社会民主党が選挙に加わり、ボリシェヴィキ六、メンシェヴィキ八という結果であった。民族派は二一であった。

さらに注目されるのは、この年にフリーメーソンの組織というかたちで秘密の政治グループが自由主義者と穏健社会主義者からつくられたことである。名称は「ロシア諸民族の大東洋」といわれている。中心のメンバーはカデット急進派議員ネクラーソフと政治弁護士で議員になったトルドヴィキのケレンスキー、それに進歩党のコノヴァーロフ、メンシェヴィキ議員のチヘイゼといった人々であった。ケレンスキーによれば、「広範な社会改革と連邦国家制に基づく民主主義の確立」が目標であった。フリーメーソン組織とした理由は、自由主義者と社会主義者の連合には人々が「眉をしかめた」からだと説明している。この組織はさしあたりは人間的な結びつきをつくった程度の意味しかもたなかったが、その結びつきがのちの二月革命を用意することになるのである。

他方で四分五裂していた社会民主党では、一九一二年一月にレーニン派がプラハ協議会を開き、党を再建するというかたちで、自派だけの党を結成した。レーニンははじめて自分の党をもったのである。彼はオーストリア領内のクラクフに住み、党活動を指導した。党機関紙として日刊合法新聞『プラウダ』が創刊された。この党は第四国会選挙に加わり、労働者クーリヤからの議員ポスト六席を独占したのである。首都の保険組合執行部、労働組合執行部をもこの党が握ることになる。一九一二年四月四日、シベリアのレナ金山での労働者への発砲虐殺事件(死者一七〇人)への憤激から労働運動が再燃し、全国に広がった。労働者は政治ストをしばしばおこない、参加者数で、一九〇五年の水準に近づいていた。この情況のなかで首都の労働者の運動にレーニンのグループが影響力を確立していった。

ニコライ２世と皇太子アレクセイ

一九一三年にはロマノフ朝三〇〇年祭が祝われたが、皇帝ニコライの権威は低下していた。それにはラスプーチンという宗教家の問題が関係している。彼が最初に宮廷にきたのは一九〇五年十一月一日のことであった。皇帝は「神の人、トボリスク県出身のグリゴリーと知り合った」と日記に書いている。皇后アレクサンドラは一九〇四年にようやく待望の男子を生んだのだが、不幸にもこの皇太子アレクセイは曾祖母ヴィクトリア女王からの遺伝因子で血友病であった。この事実は国家機密とされ、国民には知らされなかった。皇太子の不治の病からくる暗い不安、負傷したときのアレクセイの激痛を紛らわすのに、宗教家ラスプーチンは力を発揮し、皇后にとってなくてはならぬ人となった。しかし、ラスプーチンの信仰は新宗派のフルイストに近く、「キリストの愛」として婚姻外の性愛を肯定するものであった。彼はペテルブルクでもあやしげな崇拝者に取り囲まれ、性的な不品行の噂が立っていた。このような人物が宮廷に出入りすることはスキャンダルにならずにはおかない。ストルイピンはラスプーチンを退けようと圧力を加えたが、失敗した。一九一一年には聖職者たちが彼を糾弾したことから、彼宛ての皇后とその娘たちの手紙が公開された。オクチャブリストのグチコフは一九一二年に国会にこの件をもち出した。ストルイピンの後継首相ココフツォフもラスプーチンを退けようとした。しかし、一九一二年十月、出血が止まらなくなる皇太子の危機がラスプーチンによって救われるにおよんで、皇帝、皇后は一切の批判に耳を貸さなくなった。ラスプーチンを守るためには、皇后は政治に介入することも辞さない決意であった。

大戦前夜

一九一三年九月にキエフで始まった裁判が人々の強い関心を呼んだ。ユダヤ人ベイリスが正教徒の少年を儀式の生贄《いけにえ》として殺したとして裁かれたのである。内外の世論、国会とジャーナリズムを巻き込んだ争いのなかで、十月、ベイリスは無罪の判決を受けた。右翼のテロルを恐れたベイリスはパレスチナに移住した。

この事件の興奮も含めて、たしかに一九一四年初めのロシアはある種の革命的気運をはらんでいた。労働者は毎月のように政治ストを繰り返した。もしも革命が起これば、それは一九〇五年の革命を継続し、民主主義革命を完成するものであったろう。しかし、歴史の展開はまったく異なった条件を用意していた。世界戦争が近づいていたのである。

一九一一年にリビアをめぐるイタリア、トルコ（オスマン帝国）の戦争が起こると、ロシアも強く刺激され、ダーダネルス・ボスポラス両海峡への支配の意欲がにわかに抑えがたいものとなった。他方で、この戦争はトルコに抑えられてきたバルカンの南スラヴ諸国家を揺り動かした。

一九一二年春からモンテネグロ、ブルガリア、セルビア、ギリシアがトルコと戦う第一次バルカン戦争が始まった。ロシアはトルコの弱体化を歓迎したが、ブルガリアが両海峡の方向へ接近すると、これを嫌って、ブルガリアの関心を西へ向けようとした。一九一三年六月、ブルガリアがセルビア、ギリシアにたいして宣戦を布告して、第二次バルカン戦争が開始された。ブルガリアは敗北し、ドイツ＝オーストリア・ブロックへ移っていくのである。大ブルガリア主義が挫折したあとで、大セルビア主義が開花した。ロシアはその庇護者の地位に立つことになった。そして一九一三年秋、ドイツの将軍リーマン・フォン・ザンデルスがトルコ軍顧問に就任したことがロシア国内の反独的な気分を一挙に高めた。

一九一四年一月三十一日に親英親独派のココフツォフが退陣して、反独派のゴレムイキンが首相に就任した。彼のもとで、早くも両海峡地帯に陸戦隊を派遣して、占領する案が検討されるにいたるのである。しかし、五月にバクーの石油業で起こったストライキが一ヵ月以上続いて、七月には首都の労働者の運動に飛び火した。警官の発砲に抗議して、一一万七〇〇〇人の労働者が三日以上ストライキをおこなった。首都にはバリケードがつくられ、警官隊はライフルをもって出動するという緊迫した情勢が現出した。そうしたなか、同盟国フランスの大統領ポワンカレがペテルブルクを訪問した。

第八章　ロシア革命とソ連邦の成立

1　第一次世界大戦と帝政ロシア社会の危機

開戦

一九一四年六月十五(グレゴリオ暦では二十八)日、ボスニアの街サライェヴォで、オーストリア皇位継承者フランツ・フェルディナントとその妻が、地元の民族主義団体に属するセルビア人青年によって暗殺された。いかに衝撃的ではあれ、この事件がきっかけとなって世界戦争が起こるとは、当時のヨーロッパのどの政府も予想すらしていなかったろう。

オーストリア政府は、セルビア人の行動の背後にセルビア政府の意思を疑い、ドイツ政府のあと押しを受け、七月十(二十三)日、セルビア政府に強硬な最後通牒を突きつけた。セルビア政府を支持してきたロシア政府は、十一(二十四)日、オーストリアに四八時間の回答期限の延長を求める一方、セルビアにたいしても独立を維持できる範囲で譲歩するよう迫った。ロシア政府は翌日、オーストリア官憲の立ち入り捜査という一点を除いて、オーストリアの要求を受け入れるとの回答を、セルビアから得た。しかしながら、オーストリア政府は期限延長には応じず、セルビアとの外交関係を断絶した。

十五(二十八)日になって、まずオーストリアはセルビアに宣戦を布告した。ロシアは軍の部分動員で応えるにとどめた。翌日、オーストリア政府のあと押しを続けるドイツ政府は、ロシアが部分動員を中止しなければ、ドイツも動員令を出して戦争となるだろうと、威嚇《いかく》的に通告した。サゾーノフ外相と参謀総長ヤヌシケヴィチは対ドイツ戦を決意し、部分動員を総動員に変えるよう皇帝に進言した。それにたいして首相ゴレムイキンは、部分動員にとどめるよううながし、皇帝を翻意させたかにみえた。だが、のちに皇帝は総動員令派の主張を独断で採用し、十七(三十)日、ロシアは総動員令を発した。ドイツも総動員令を発して、十九日(八月一日)にロシアに宣戦を通告した。翌日、ロシアもドイツに宣戦を布告した。二十一日(八月三日)にはフランスが、二十二日(八月四日)にはイギリスが、それぞれ対独宣戦を布告した。こうしてヨーロッパ大戦が始まった。オーストリアがロシアに宣戦を布告したのは、二十四日(八月六日)のことだった。最高司令官には当初、ニコライ二世が自ら就くことを望んだが、強い反対を受けて皇帝の父アレクサンドル三世の従兄弟のニコライ・ニコラエヴィチ大公が就いた。

開戦は、ロシア国内にかつてない挙国一致をつくり出した。愛国デモがドイツ大使館やドイツ人商店を襲撃した。サンクト・ペテルブルクという首都の名称はドイツ的であるとして、ロシア的な名称であるペトログラードへと改称された。数日前までバリケードで警官隊と対峙していた首都の労働者たちも、いっせいに職場に戻って働き始めた。左翼系の新聞や雑誌は廃刊され、労働組合や労働者教育協会も解散させられた。七月二十六日、国家ドゥーマ(国会)が開会され、議長ロジャンコは「ロシアのツァーリの忠良なる臣民との一体化」を称え、各党代表が戦争への協力を誓った。それにたいしてボリシェヴィキとメンシェヴィキの議員は、戦争反対の声明を共同で朗読して退場した。しかしその声明には、「外からのものであれ、内からのものであれ、一切の侵害から国民の文化的財貨を守る」という、体制の戦争政策に協力的な一節も含んでいた。

七〜八月にはゼムストヴォと都市自治体の代表の全国大会がそれぞれ開かれ、傷病兵救護のための全ロシア・ゼムストヴォ連合や同都市連合が結成された。その指導者たちは、それまで政府と対立してきた穏健リベラル勢力だったが、このときばかりは政府は両連合をただちに承認した。

開戦は、帝国内の諸民族にさまざまな影響を与えた。八月、ニコライ最高司令官はポーランド人に向けて呼び掛け、分裂していたポーランドの統一と、ロシア帝国のもとでの自治を約束した。その一方で、ガリツィア地域を占領すると、ウニアート教徒(東方教会から分離してカトリックの教義を受け入れた分派)であるその地に居住する西ウクライナ人に、正教会への従属を要求した。また、この地域に住むユダヤ人には、オーストリアのスパイになり得る集団とみなして彼らに抑圧的な措置をとり、ユダヤ教聖職者の逮捕や住民の強制移住をおこなった。

困難と総力戦に向かって

ロシア軍の総動員はかなり順調に進んだ。危機感をいだいたドイツ軍は、対仏戦線から急遽二個軍団半を東部に移し、八月十七日のタンネンベルクの戦いでサムソーノフ将軍指揮下の第二軍を全滅させた。それにたいしてロシア軍は、オーストリア戦線では戦闘を有利に進め、八月二十一日にリヴォフ(現在のリヴィウ)を占領し、九月初めにはオーストリア領ガリツィア地方のプシェミシル市も包囲した。こうして、東西両戦線の同時形成を阻止する狙いだったドイツのシュリーフェン計画の失敗は明らかとなり、戦闘は予想外の規模へと拡大した。

ロシアでは、早くも開戦五〇日後の一九一四年九月九日には、兵員輸送難と砲弾補給難を経験することになった。軍需物資の不足は冬に向かって兵力の低下を招き、軍隊の士気の低下も引き起こした。それでも一九一五年春、プシェミシル市を占領し、ハンガリー大平原をうかがうまでにいたったが、それが限界だった。そうしたなかで、西部戦線から急派され、増強されたマッケンゼン将軍指揮下のドイツ軍がゴルリッツあたりで攻勢に転じ、一五年五月以降、ガリツィアからロシア軍の退却が始まり、六月九日にはリヴォフが放棄された。七月初めには、ロシア軍はガリツィアから完全撤退するにいたった。さらにドイツ軍はロシア帝国のポーランド領域を包囲し、七月二十三日、ワルシャワを占

ロシア軍
ドイツ・
オーストリア=
ハンガリー軍
リガ
バルト海
ケーニヒスベルク
東プロイセン
ロ
シ
ア
ミンスク
オ
ー
デ
ル
川
ドイツ
ワルシャワ
ポーランド
ブレスト=リトフスク
クラコフ
リヴォフ
オーストリア=ハンガリー
ウィーン
ブダペスト
0
100km
ルーマニア
東ヨーロッパ戦線

領した。八月だけでロシア軍の損失は四〇万人にのぼった(「大退却」)。

思うように行かない戦局に焦った軍の首脳部は、責任転嫁のためのスケープゴートとして、裏切り者の摘発に走った。軍務とは関係ない怪しげな取り引きに手を出していたミャソエードフ憲兵大佐がドイツのスパイとして告発逮捕され、裁判ののち、一五年三月、銃殺ではなく、不名誉にも絞首刑に処された。その後、陸軍大臣を辞職していたスホムリーノフ将軍も、彼とのつながりで疑いの目が向けられ、逮捕されて裁判にかけられた。スパイ狩りの気分は西部地域のユダヤ人にも向けられており、ロシア軍当局は一五年三月から、西部地域にいたユダヤ人の強制追放を始めた。その結果、約六〇万人がロシア内部に強制移住させられた。ドイツ軍が反撃に転じた一五年五月には、モスクワ市で民衆による反ドイツ暴動が起こり、群衆のあいだからは皇后とドイツの結びつきを非難する声が聞かれた。

劣勢のなかでも長期戦を闘い抜くためには、国を挙げて官民一体の対応で臨むことが必要だった。穀物調達面での戦時への対応策が、もっとも早いものだった。とはいえ、それは戦争で穀物の主要輸出先が消えたため、余剰穀物の価格下落防止策を講じる必要に応えるものだった。一四年八月一日の大臣会議は、軍用食糧調達の全権を農業庁長官クリヴォシェインに委ねた。そして同庁が地方全権代表として各県ゼムストヴォ参事会議長を任命した結果、ゼムストヴォと協同組合という地方の社会的勢力が戦時体制に組み込まれた。一五年二月十七日になると、公定価格、販売強制、特定生産物の特定領域からの搬出禁止、という三つの柱からなる強制調達措置について、軍管区司令官が命令を発することができるようになった。

戦争はクリスマスまでには終わると思われていたが、ヨーロッパとロシアの両戦線で想定外に激化し、規模も拡大した。開戦直後からロシア軍をもっとも苦しめたのが、兵器生産とその調達だった。兵器廠《しょう》や、ごく一部の大企業、そして輸入に頼る従来の調達方法では対応できず、ロシア軍最高司令部は、兵站《へいたん》任務をあずかる陸軍大臣スホムリーノフに強い不満を募らせていた。同じくスホムリーノフに不満をいだき、兵器生産やその調達に危機感をいだいた国家ドゥーマ議長のロジャンコや企業家は、独自に前線に赴いて、最高総司令官ニコライ・ニコラエヴィチ大公と接触した。ロジャンコらは、兵器や弾薬の生産にロシア国内の企業を広く参加させ、さらに立法院の代表も含めた官民合同の機関を設置すること、立法院、とりわけ国家ドゥーマの活動に非協力的な四人の大臣を罷免すること、などの案をもって、一五年五月、大本営に立ち寄っていた皇帝に直接報告をした。その動きには最高総司令官も同調した。

ロシア軍の退却に直面し、政治的にも追い詰められた皇帝は、「社会」＝リベラル側の要求に譲歩し、五月に火器砲弾補給強化特別審議会の設置案を受け入れた。審議会は、国家ドゥーマの正副議長四人、陸海軍省一二人、産業界一一人からなり、その全体を陸相が主宰した。産業界の代表は、従来から政府の発注を受けていた首都の大企業から派遣された者だけだった。そこから排除されていたモスクワやキエフの工業家については、工業家自身のイニシアティヴで、同じ五月、労働者の代表を含む社会団体の代表をも加えた戦時工業委員会が独自に設置された。しかも労働者代表が、戦時工業委員会「労働者グループ」を結成した。

リベラル派の政治的圧力は弱まらず、戦争遂行上の政治指導の強化の名目で、帝権と議会の関係を改め、帝権との協力内閣を求める声も強まっていた。たとえば、戦時工業委員会の設置を推進したモスクワのブルジョワジーの新聞『ロシアの朝』は、五月二十四日に「国防内閣」の組閣を求めた。リベラル派からの圧力を受けた皇帝は、国家ドゥーマに非協力的な大臣の罷免を余儀なくされた。六月五日に内相マクラコーフを更迭し、十一日には陸相スホムリーノフを解任した。後任の陸相には、リベラルからの受けのよいポリヴァーノフ将軍を渋々就けた。法相シチェグロヴィートフ、宗務院総監サブレルも、十三日に罷免された。帝権と議会が協調する体裁が整うことで、リベラル派は、帝権との権力闘争の緒戦で一定の勝利を収めたかに思われた。

七月十九日には、開戦以来閉会されていた国家ドゥーマが開会された。そこで、五月の評議会を発展させた機関、すなわち各省代表、両院代表、中央戦時工業委員会代表、自治体連合代表からなる燃料・食糧・輸送各問題についての別個の特別審議会を設立する法案が、八月一日に可決された。中心の国防特別審議会には、ロジャンコ、ミリュコーフ、コノヴァーロフ、そして皇帝が蛇蝎のように嫌悪するグチコフら、大物議員が入った。議会内のリベラル各派は大臣の更迭を、皇帝が一層政治的に追い詰められて譲歩した証しとして喜んだ。以上のような対立を含みながらも、政治面でも総力戦への対応が進んだ。

危機の始まり

総力戦への対応で中心となるのは、武器弾薬の生産だけではない。戦闘規模の拡大の結果、兵員の消耗は予想を超えて甚だしく、予定しなかった兵士や民衆を新たに広く動員することに迫られた。まさにここで、ロシアの民衆を引き寄せる力と権威が、帝権にあるのか、国会に集まるリベラルにあるのかの、ロシア帝国の国制の本質に関わる綱引きが始まった。この点では皇帝は、絶対に妥協できなかった。一五年夏にロシアの政界を紛糾させた事件が起こったのは、そうした局面であった。

民衆を新たに徴兵することに迫られた局面で、皇帝は、前線で兵士や民衆との一体感を強く望んだ。総力戦がきわまるにつれてロシア国家のもつ家父長制原理が前面に出てきたのだった。ニコライ二世は、ニコライ・ニコラエヴィチ大公を罷免《ひめん》して自ら最高総司令官に就き、前線に赴いて軍人と恒常的に接することを決断した。そのことは、彼が開戦時より望んでいたことだった。たしかに大公にたいしては、軍の大退却の責任を問う声もあったが、リベラルや軍部にも、なおまだ人気が高かった。しかしこの皇帝の決断は、それまで戦局と結びついて譲歩を重ねてきたことをきっぱりやめ、皇帝の側が、ロシア帝政の原理主義的な立場へ回帰したうえでのものだった。そうした決断は時代錯誤といえなくはないが、皇后も、ラスプーチンも賛同した。

それにたいして大臣たちは、皇帝が首都を離れて大本営にとどまっていては、皇后やラスプーチンの口出しのために国政の指導が弱まること、敗戦の責任が直接皇帝に降りかかり、帝政の運命に直結する恐れがあること、などの論拠で、皇帝の最高総司令官職への就任に強く反対した。そして八月二十一日、有力な八大臣が署名した書簡が皇帝に提出され、決定を翻意させようとする帝政ロシア史上前例のない事態が起こった。その書簡で彼らは、最高司令官就任の決定は「ロシアとあなたの王朝を脅かす」ものであり、今のままでは、「われわれは、あなたと祖国にとって有用であると意識しながら奉仕できるとの確信を、失いつつあります」と語った。だが皇帝は、この書簡を無視し、二十三日に大本営のあるモギリョフ市に向かい、最高総司令官に就任した。

ほぼ同じころ、国家ドゥーマのさまざまな傾向の自由主義的政党が結集する動きがあり、八月二十五日には国家ドゥーマの議員現員三九七人中二三六人が結集する「進歩ブロック」の誕生が発表された。そのグループの綱領は、「信任内閣」の実現と、穏健な改革を求めていた。「進歩ブロック」との話し合いの結果、大臣たちは、クリヴォシェインの提案で、皇帝に内閣改造を求めることを決めた。だが皇帝は、大臣たちのこの要求をも無視し、九月二日、国家ドゥーマの休会を命じた。気骨のある官僚も、つぎつぎと皇帝から遠ざけられた。

皇帝の最高総司令官就任とともに、参謀総長がヤヌシケヴィチから、有能な西部方面軍総司令官アレクセーエフ将軍に交代したことは、ひとつの救いだった。一五年九月までにロシア軍の退却は止まり、戦線は安定した。

懸案だった軍需物資の増産は、留任したリベラル受けする陸相ポリヴァーノフ将軍のもとで軌道に乗った。もっぱら前線向けを優先させた後方とのバランスを無視した(後方掠奪的な)物的資源の動員は、一時は有効だった。陸軍省砲兵総局長マニコフスキーと、同局のヴァンコフ少将のもとで兵器生産の面での改善は目覚しかった。とくにマニコフスキーの局は軽砲弾の生産組織に著しく成功し、一七年一月には多くの余剰を抱え、外国からの支援は不要になったほどである。

一五年秋から、老齢の首相ゴレムイキンは皇帝や皇后の思うように動けなくなり、彼の後継問題がもち上がった。丁度そのころ、県知事の経験もある右翼議員のフヴォストフが一五年九月、ラスプーチンの関与もあって内相に任命されたが、野心に燃える彼は、さらに首相の座も狙っていた。しかし一六年一月、ゴレムイキン首相にかわって、内務官僚としての長い経歴を積んだドイツ系のシチュルメルが首相に任命された。この人選にもラスプーチンらが関係していたといわれる。この人事には後日談がある。首相になれなかったフヴォストフは、ラスプーチンの暗殺を企てたが、露見して失脚した。これらの事件は、皇帝が前線に去ったあとの、統治官僚集団の混乱を示す顕著な事例である。

ポリヴァーノフ陸相の下で、企業家や国家ドゥーマなどの議員たちが大いに努力し、前線に向けた物的、人的資源の動員がすみやかに進む一方、いや増す掠奪的な動員の負担に打ちひしがれた後方は、破局的様相を呈し始めた。たとえば、兵器生産のために鉄がもっぱら兵器生産に向けられ、輸送部門を発展・維持するための機関車や、車両の生産が停滞した。こうした事態は、国内の経済のバランスを崩し、ロシア革命の前提のひとつとなる深刻な食糧難を引き起こす遠因となった。一六年夏の、南西方面軍の「ブルシーロフ攻勢」によって、ロシア軍はガリツィアに再び進出した。しかしこの伝説的「攻勢」も、後方社会からの掠奪的な動員のおかげだったのである。そして、この後方からの掠奪的な物資の動員が引き起こした経済破局こそが、やがてはストルイピン「改革」に乗り出したばかりのロシア社会を大混乱と革命へと導くことになる。

後方の危機と、政府の無力さをみかねた参謀総長アレクセーエフは、一六年六月、皇帝に経済危機や食糧危機に立ち向かうための独裁的体制の樹立を提案した。皇帝は参謀総長の提案を無下にはできず、シチュルメルに権限を集中させた(「シチュルメルの独裁」)。しかしながら、それも効を奏さず、不満が同僚からも、議会内からも高まるなかで、一六年九月、内相に、国家ドゥーマ副議長プロトポポフが任命された。だが彼は無定見な人間で、事態は一向に変わらず、むしろ政治危機を尖鋭化させた。

リベラルにはフリーメイソンを介して交流を深める者もいたが、いざ具体策となると打つ手が無いまま、無責任にもきわめて危ういデマゴギーに訴えるにいたった。十一月一日、再開された国家ドゥーマの冒頭でミリュコーフは、「愚行なのか裏切りなのか」という名高い政府批判の演説をおこなった際に、皇后の名を挙げ、ドイツとの内通の疑いを公然と述べた。これには根拠がなかったが、流言《りゅうげん》蜚語《ひご》を生み、とくにラスプーチンが皇后の愛人であるという噂も広まり、皇帝の権威を決定的に失墜させた。この事態は、国民の心の拠りどころとしての強いツァーリ像が、平時以上に求められていた総力戦下だっただけに、皇帝や体制にとって致命的となった。

自由主義者のなかにはクーデターを画策する者もいたが、具体化しなかった。皇太后と皇族たちは十月末に、ラスプーチンを遠ざけて、皇后との関係の噂の根を断ち切るよう皇帝に求めたが、彼は一切耳を傾けなかった。そこで、皇帝の姪を妻とするフェリックス・ユスーポフ公爵が、皇帝の甥ドミートリー・パヴロヴィチ大公と右翼国会議員プリシケーヴィチの二人の助けを借りて、一六年十二月十六日夜、ラスプーチンを殺害した。

だが事態は何も変わりようもなかった。十二月二十七日、首相に任命されたゴリーツィン公爵は六十七歳と高齢で、ほとんど国政上の指導力は期待できなかった。状況を打破するために、自由主義者のなかには民衆運動を呼び起こす方向に向かう者もあらわれた。十二月三十日、モスクワのリャブシンスキー邸に集まった自由主義者の会合で、国家ドゥーマが解散されたら、これを無効とみなして、モスクワに議員が集まり、全国に闘争を呼びかけることが合意された。

ニコライ二世は、首都内の高まる緊張を自覚し、不安に感じていたが、一九一七年二月二十二日午後二時、まわりの者が反対したにもかかわらず、病み上がりの参謀総長アレクセーエフに会うために、一週間の予定でモギリョフの大本営へと出発した。しかし皇帝は、ふたたび首都に帰ることはなかった。

総力戦の遂行は、多民族的ロシア帝国の亀裂を深めた。兵役免除者への動員の拡大が考えられ、一六年六月二十五日の勅令で中央アジアの諸民族、シベリアの異族人、ザカフカースのイスラム教徒住民は、軍事施設の建設と軍事鉄道の敷設などの勤労動員の対象となったが、これに反対する中央アジアの住民は、大規模な反乱を起こした。ただ、これは局地的な反乱に終った。

2　ロシア革命

二月革命——ロシア帝政の転覆

後方掠奪的な戦争遂行の仕方が、ロシア国家社会にため込んだ矛盾や緊張は、いずれ帝政のままでは抑え切れなくなる。不満が爆発した発端は、この冬の降雪の多さから、首都への食糧搬入が途絶える事態に直面したことである。国際婦人デーであった一九一七年二月二十三日(三月八日)の朝、首都の数工場の女子労働者がいっせいにパンよこせのストに入った。それに男子労働者が呼応し、彼らはただちにネフスキー大通りをめざし、市の中心部へのデモを始めた。三日目の二十五日にストは全市に広がった。守備隊も駆り出され、一時デモ隊に発砲したが、彼ら自身も、二月二十七日朝、下士官に率いられて反乱を起こし、労働者と一緒になった。

皇帝から解散命令を受けた国家ドゥーマは二十七日朝、この命令にひとまず従い、本会議場から退場した。そして別室に移ったうえで、議員たちは非公式の会議を開くことにした。この非公式会議で、正副議長と各党代表からなる一二人の国家ドゥーマ臨時委員会が設置された。事態への対応には一刻の猶予も許されなかった。ようやく二十八日の深夜二時、この委員会は、皇帝の意向にかかわりなく独自に行動し、国権を掌握することを決断した。同委員会は各省庁を接収するために、おもに国家ドゥーマ議員から選抜したコミッサールを、各省庁に派遣して自らに従わせ、官僚と将校の忠誠も確保した。

反乱を起こした民衆にたいしては、独自の対応がとられた。戦時工業委員会「労働者グループ」の代表グヴォズジェフ、メンシェヴィキ議員チヘイゼ、左翼弁護士ソコロフらが、一九〇五年革命のひそみにならい、全市の労働者を、労働者ソヴィエト臨時執行委員会の名の下に組織し始めた。各工場で代表が選出され、同日夜、創立総会が開催され、メンシェヴィキのチヘイゼが正式に執行委員会議長に選ばれた。執行委員一五人のうち、ボリシェヴィキは二人のみだった。

ソヴィエト運動の特徴は、抗命した守備隊兵士の代表自身が、ソヴィエトの創立大会に加わり、執行委員会の指揮下に服したことにあった。彼ら兵士こそが帝制政府を機能不全に陥らせ、国家ドゥーマ臨時委員会が国権を掌握するうえで決定的な役割を果たしたのだった。三月一日の労兵ソヴィエト総会では、「軍事委員会の意見はソヴィエトの意見と食い違わない限り受け入れられる」とする決定が、弁護士ソコロフを中心に、名高い「命令第一号」という文書にまとめられた。この命令は、反乱を起こした首都の兵士が獲得した権利や軍内の新秩序を、全ロシアの軍へ広める際に絶大な力を発揮した。これによって兵士がソヴィエト執行部に最終的に忠誠を誓い、国家ドゥーマ臨時委員会とソヴィエトとが並存する、いわゆる「二重権力」状態が生まれた。そして将校集団の権威の失墜は、ロシア軍の崩壊の事実上の始まりであり、戦時下という特殊な条件下ではあれ、近代ロシア国家社会全般が土崩瓦解する発端の、不吉な予兆でもあった。

翌二日、国家ドゥーマ臨時委員会は、ペトログラード・ソヴィエト総会が「臨時政府」構想を条件付きで承認したのを受けて、リヴォフ公を首班とし、外相ミリュコーフ、陸海相グチコフ、司法相ケレンスキーなどによる臨時政府を成立させた。

大本営で首都のロジャンコと独自に接触していた参謀総長アレクセーエフも三月一日夜、首都に戻るためにプスコフに到着していた皇帝ニコライ二世に、ロジャンコ首班の「責任内閣」を認めるよう求めた。だが、事態の重大さに気づいた参謀総長は、ニコライ二世の退位と皇太子への譲位を進言するにいたった。皇帝は一旦これに同意したが、やがて翻意し、実弟ミハイル大公への譲位の意向を示した。これは帝位継承法の明白な違反だった。譲位の話を聞いたミハイル大公は、三日、身の安全が保証されないという理由で即位を固辞し、今後の国家のあり方を憲法制定会議に委ね、その招集の準備や、その間の統治を臨時政府に委ね、自らは政治からいっさい身を引いた。ここに三〇〇年のロマノフ朝は継承者を失って、幕を閉じた。そして、諸身分団体がひとつに束ねられてきたロシア社会秩序や規範も、一時的で不安定なものとなった。

三月三日に臨時政府の成立が声明された。新政府の活動の原則としては、つぎの八点が掲げられた。(1)あらゆる政治的・宗教的な性格の事件で有罪とされた者の大赦、(2)言論・出版・結社・集会・ストライキの自由、ならびに軍事技術的条件が許容する範囲内で政治的自由を軍人にもおよぼす、(3)身分・信教・民族によるあらゆる制限の撤廃、(4)普通・平等・秘密・直接投票による憲法制定会議のすみやかな召集準備、(5)旧警察を廃し、地方自治体に責任を負う民警を設置すること、(6)普通・平等・秘密・直接制による地方自治体の選挙、(7)革命に参加した部隊を武装解除せず、首都からも移動させないこと、(8)兵士は勤務外では市民と同じ権利をもつこと、である。また、フィンランドにたいする帝国法規の適用の停止や、ユダヤ人の入学制限枠の廃止なども決定された。旧体制護持のための保安部と憲兵隊の廃止も決められ、三月十二日には死刑も廃止された。首都では、その他の施策も矢継ぎ早にとられた。

戦時下の旧ロシア帝国に突如出現した政治的に自由な空間で、あらゆる市民運動や住民運動が始まり、さまざまな社会団体もつぎつぎと結成された。県庁所在地には、社会団体委員会が生まれて権力を取った。労働者ソヴィエトも各地に組織されたが、首都のように、兵士が労働者ソヴィエトとひとつの組織となったところは、むしろ例外である。農村地域では、帝政期の国家統治機構の末端だった郡警察署長(イスプラーヴニク)が逃げ出した。農民身分のあいだで国家側の意向を代弁していた郷長も、追放された。郷長にかわって、より民主的な手続きで郷委員会が設置された。臨時政府は自らの地方の代表者として、県・郡のゼムストヴォの参事会議長を、県、郡のコミッサールに任命した。郷相当域でのゼムストヴォの新設については、それがもっぱら旧共同体農民の排他的な利益代表機関となりかねないために、政府は慎重な態度をとった。

帝政の転覆はまた、多民族的なロシア帝国の分解の始まりとなった。各地で諸民族の活動が始まるが、当初は緩慢な動きだった。そのなかでも素早かったのはウクライナ人で、彼らは三月四日、キエフ市でウクライナ中央ラーダ(評議会の意)を結成し、自立性を高める動きを始めた。

二月革命体制の危機

ロシアの自由主義的政治家たちは、二月革命を、民衆が大々的に政治舞台に登場し、彼らの動向に政治が大きく左右されたことから、最適な性格の事件とはみなさなかった。しかしながら、戦争体制の崩壊をまず食い止め、秩序あるものにしなければならなかった。他方で、彼らのあいだには、帝政の下で壊れかけた戦争体制を立て直す好機ととらえる者もいた。そこで臨時政府は、三月七日の第二の声明で、連合国と結んだ戦争に関わる協定を守ること、戦争を「勝利に終わるまで遂行する」こと、などと表明し、それまでの戦争政策の継続の意思をあらわした。

それにたいしてペトログラード・ソヴィエトは、そのアピール「全世界の諸国民へ」(十四日)で、「革命の成果」を脅かす外からの侵略から防衛するための戦争は認めたが、領土の併合や賠償金の支払いをともなわない平和の実現をめざす意思を表明した。そして臨時政府にたいして、従前の帝国主義的な戦争目的を否認するよう迫った。臨時政府も、二十八日、併合をともなわず、民族自決の原則に立脚する講和をめざすと声明した。しかしながら、連合国にたいして負っている戦争遂行上の義務も守るとも表明した。こうした曖昧な外交政策を背景にして、外相ミリュコーフが発した四月十二日付の声明は、兵士のあいだに強い不満と不信感を呼び起こし、二十日には、ミリュコーフ打倒や侵略反対を求める大規模なデモが起きた(四月危機)。

民衆の側からの強力な反戦行動に直面した臨時政府は、急進派コノヴァーロフ、ケレンスキーの強い主張に基づき、ソヴィエト内主流派を入閣させることで、彼らと協力して戦争体制の崩壊を食い止めるための、穏健社会主義者とリベラルとが連立した臨時政府の樹立を目指した。その結果、第二次臨時政府が五月五日に成立した。帝政の転覆直後に生まれた新たな国家指導体制の生命力のなさに幻滅していたミリュコーフや、グチコフといった現実主義的なリベラルの旧指導者と入れかわって、新たにソヴィエト指導部内の大物ツェレチェリやチェルノフら社会主義者が、それぞれ郵政相、農相として入閣した。当初入閣を渋ったツェレチェリだったが、平和を実現するための国際社会主義者会議の開催という、彼独自の講和構想を実現するために積極に行動し始めた。

帝政転覆直後、ボリシェヴィキの指導部も、臨時政府とソヴィエトの協力関係に同調していた。しかし、四月三日に帰国したボリシェヴィキ党の指導者レーニンは、大戦中に十分練り上げていた構想(世界革命が迫っているという独特な帝国主義的世界認識や、まったく新しいインターナショナルを創造すること、党名を共産党と改称することなど)を「四月テーゼ」として発表し、臨時政府への不信任や非協力という、独自の立場を公けにした。そして、ソヴィエト内で多数派となったうえでソヴィエト権力の樹立をめざすと主張した。このレーニンの主張は、はじめは場違いに思われ、孤立したものだった。しかし、国家社会の崩壊を押しとどめるのに無力な臨時政府が窮地に陥るや、レーニンらの主張は広まっていった。

そうした不安定な情勢のなかで、ケレンスキー新陸相は、軍事攻勢の準備を進めた。だが、一旦自分の意見を自由に表明できるようになった兵士に攻勢をとらせ、死地に赴かせるのは、難事中の難事だった。政府の政策に不満な首都兵士の圧力に屈したソヴィエト大会は、六月十八日、「無併合、無償金、民族自決の全面講和」「憲法制定会議の招集」などのスローガンでデモをおこなうことにした。当日は、三〇万から四〇万人が参加した。陸相ケレンスキーは、六月十七日、ロシア軍に攻勢に出るよう命令した(夏期攻勢)が、ロシア軍は攻撃した途端に退却に転じた。

こうした事態は、兵士のあいだで不満を一層高めた。七月四日、首都の兵士や労働者は、政府とソヴィエト主流の制止に従わず、「権力をソヴィエトへ」のスローガンのもと、武装デモを起こした。

参加者は兵士四万〜六万人、労働者三〇万〜三五万人に達した。このデモは、ボリシェヴィキの陰謀であるとされ、レーニンはドイツ軍の手先であるとのデマも広められ、激しい反ボリシェヴィキ宣伝を呼んだ。トロツキー、カーメネフらが逮捕され、レーニンとジノーヴィエフは地下に潜行した。しかしながら、ソヴィエト主流派や、臨時政府内の民主派は、ボリシェヴィキ党全体の非合法化までは考えていなかった。

そのため、より強硬な抑圧策を望む司法相と首相リヴォフ公は抗議して職を辞した。七月二十四日にはケレンスキー首相、ネクラーソフ副首相の第三次臨時政府が誕生した。しかし、七月に最高司令官に任命されたコルニーロフは、前線だけでなく、後方における抗命者にも死刑を復活するか否かをめぐって、ケレンスキー首相とのあいだで溝を深めていた。ケレンスキーの譲歩に勢いづいたコルニーロフは、八月二十四日、配下の軍に首都進撃を命じる一方で、ケレンスキーに服従を要求した。カデットの大臣たちは、コルニーロフへの支持を表明して辞任した。服従を拒否するケレンスキーにとって、頼れるのはソヴィエトだけとなった。八月二十七日夜、全ロシア・ソヴィエト中央執行委員会もケレンスキー首相による臨時政府の組閣を支持し、コルニーロフと闘うために「反革命対抗人民闘争委員会」を設置した。ソヴィエト側での反コルニーロフ運動の中心となったのは、ボリシェヴィキであった。

クーデタを鎮圧する過程で、ソヴィエト権力を求める声が民衆のあいだに広まる一方、コルニーロフの動きを支持した自由主義政党の権威は失墜した。崩壊寸前の基盤を立て直すために臨時政府は、政権問題を討議するための民主主義派会議を、九月に首都で開催した。労兵ソヴィエトや農民ソヴィエトのほか、地方自治体、軍隊、労働組合、協同組合などの代表一〇五〇人が参加した。ところがこの会議が、コルニーロフ反乱に同調したカデット党を連立の対象から除くことを決議したために、臨時政府の組閣が困難になった。臨時政府成立のいきさつと、カデット党が代表する社会層とを無視できなかったからである。

事態の打開のために、民主主義派会議の拡大議長団会議が開かれ、その会議の代表と有産階級の代表から「共和国評議会(予備議会)」が結成されること、それに責任を負う政府をつくること、などが決められた。ケレンスキーは「予備議会」にたいする責任内閣制を事実上受け入れて組閣した。九月二十五日に成立した最後の第四次臨時政府には、コノヴァーロフが副首相として入閣したが、もはや戦争体制の崩壊を止める力はなかった。民意は中央政府から離れ、社会秩序の崩壊も進行するなかで、人々は自身の生存のために、思い思いに行動し始めた。とりわけ共同体農民による地主の私有地の占拠や、農産物の没収が広まり始めた。また、都市ではリンチが横行した。政府のなかからも、同盟国と交わし合った約束にこだわらず、戦争から離脱する可能性を模索する動きがあらわれるにいたった。最初の臨時政府を生み出したときの希望にあふれるロシアとは、すでにまったく別のロシアになっていたのである。

十月革命

ロシアの国家・社会の崩壊が進むなか、八月三十一日のペトログラード・ソヴィエトで、ボリシェヴィキは、リベラル政党との連立を進めてきたソヴィエト内右派を除いた、ボリシェヴィキの主導するソヴィエト内左派による政権樹立を求める決議を採択させた。それを踏まえてトロツキーや潜伏中のレーニンは、二月革命時に成立したものの系譜を引く臨時政府にかわって、ボリシェヴィキが権力を掌握するという構想を提起した。十月十日、市内に戻ったレーニンが出席した党中央委員会は、武装蜂起を日程にのせた。

彼らの行動は、まず第二回ソヴィエト大会を招集することから始め、ついで労働者党へ権力を移行させるとのトロツキーの基本構想に沿って進められた。十月十二日、ペトログラード・ソヴィエトが軍事革命委員会を設置した。これは、当初、反革命勢力から首都ソヴィエトを防衛するという目的のもと、革命防衛委員会の名で、メンシェヴィキらの指導部が提案したものだった。だがペトログラード・ソヴィエト議長トロツキーのもとで、軍事革命委員会と改名され、革命側の軍隊を動員するための司令部的な組織に転化した。そこには、ボリシェヴィキと左派エスエル、若干のアナーキストも加わった。軍事革命委員会は首都の各部隊にコミッサールを派遣して、自らの指揮下におさめようとした。このあからさまな越権行為に、ペトログラード軍管区司令官は強く反発して対抗行動を起こした。軍事革命委員会はそうした動きも抑え、首都の官庁などの拠点も制圧した。

十月革命　革命本部の置かれたスモーリヌイ女子学校を警備する兵士。

臨時政府は冬宮への籠城を余儀なくされた。そして二十五日午前十時、軍事革命委員会は、臨時政府が打倒され、国家権力を同委員会自らが掌握したと、発表した。あたかも専制転覆の際の国家ドゥーマ臨時委員会の権力掌握の動向に照応しているかのようである。二十六日午前二時、閣僚がたてこもった冬宮も陥落し、官僚たちも逮捕された。それ以前にアメリカ大使館の車で脱出していたケレンスキーは、士官学校生徒らの部隊を率いて首都の奪還を試みたが、旧軍士官のあいだで同調する者は少なく、武装した労働者の赤衛隊の反撃によって敗退し、彼の権威も急速に失われていった。

以上の事件と並行して、二十五日夜十一時、第二回全ロシア労働者・兵士代表ソヴィエト大会が開催された。軍事革命委員会の独断的行動に反対するメンシェヴィキ、右派エスエルは、開会後に大会から退場した。会場に残った代議員は、ボリシェヴィキ三九〇、左派・中央派エスエル一七九、統一社会民主主義者国際派とメンシェヴィキ国際派三五、ウクライナ社会民主党二一であった。彼らはソヴィエト大会の名において、国家権力を掌握したことを宣言し（ソヴィエト権力の樹立)、行動綱領を説明したアピール「労働者、兵士、農民諸君へ」「平和に関する布告」「土地に関する布告」の三つを、ほぼ満場一致で採択した。行動綱領は、平和と土地、軍隊民主化、労働者統制、憲法制定会議の招集、パンと生活必需品の都市農村への供給、民族自決、などの目標を宣言した。なお、この時点では、特段に社会主義的な要求をロシア社会に突きつけるような内容は、まだ含まれていない。

大会でボリシェヴィキは、人民委員会議という名称をもつ、憲法制定会議招集までの「臨時の」労農政府を設置することを提案した。左派エスエルが参加を断ったために、ボリシェヴィキの単独政権案の提出となった。その顔ぶれは首班レーニン、外務人民委員トロツキー、民族問題人民委員スターリンなどだった。他の政党は、すべての社会主義党派の代表からなる政府の樹立を主張したが、ボリシェヴィキは賛成多数で押し切った。成立直後の十月二十七日、人民委員会議は労農政府に公然と反抗し、不服従を呼びかける新聞の発禁を布告した。

第二回ソヴィエト大会から脱退した代議員は、予備議会や、市会の関係者とともに、憲法制定会議の招集に備えるための独自の臨時政府の再建を模索した。たとえば二十八日、右派エスエルは、ボリシェヴィキとブルジョワ政党を除いた「同質社会主義者政府」をつくれと呼びかけた。ソヴィエト大会に残った左派エスエル、メンシェヴィキ国際派は内乱を回避するために、翌二十九日、左右両派が協定し、ボリシェヴィキも含む「同質民主派権力」をつくるべきであると呼びかけた。鉄道員労働組合全ロシア執行委員会(ヴィクジェリ)は、その要求を支持して彼らの職種上の重さを背景に、ボリシェヴィキに圧力をかけた。カーメネフなど、ボリシェヴィキの内部にも妥協を呼びかける者がいた。しかし、同党主流派の態度は固く、二十九日に首都で反乱を起こした士官学校生をすでに鎮圧し、首都反攻をめざすケレンスキー軍も三十日のプルコヴォ丘の戦闘で打破した。モスクワでも、五日間の戦闘ののち士官学校生を主力とする反革命軍を敗北させた。

全社会主義党派からなる政権を望んでいたウクライナ中央ラーダは、首都のボリシェヴィキ政権との対立を深め、十一月七(二十)日にウクライナ人民共和国の樹立を宣言した。なお十二月六(十九)日に独立を宣言したフィンランド議会の決議を、人民委員会議は十二月三十一日に承認した。

ソヴィエト権力の全国化に向けて

ボリシェヴィキが武装蜂起の際に、瞬時に効果をあらわす万能薬として切望していたヨーロッパ革命は、起こる気配がなかった。その一方で、憲法制定会議の選挙が迫っていた。原理的には、第二回全ロシア・ソヴィエト大会の決定のすべては、憲法制定会議までの臨時の措置であり、人民委員会議も臨時政府のひとつである以上、憲法制定会議の法的優越性を無視できなかった。そこで、ヨーロッパ情勢に影響を与えたり、人民委員会議側の支持基盤を拡大したりするうえで即効性のある施策を、つぎつぎととっていった。

もっとも即効性が見込まれたのが、戦争の行方を明確にすることだった。何よりも、戦時下の兵士の動向が大きな影響力をもつ革命だったからである。平和、復員、そして軍隊の民主化は、人民委員会議の行動綱領でも取り上げられ、兵士がもっとも強く望んでいた目標でもあった。

十一月七日から八日にかけての夜、レーニンらは、陸軍最高司令官も兼ねた参謀総長ドゥホーニン将軍に、新政府の名で休戦交渉を始めるよう命じた。しかしドゥホーニンは、人民委員会議を正規の政府と認めず、その命令の遂行を拒否した。そこでレーニンらは、九日から十日にかけての夜、彼の罷免を伝え、「平和の大業」を成就できるのはボリシェヴィキからなる人民委員会議のみであること、また、復員に着手したこと、将校に警戒することなどを、無線で全国に立て続けに打電した。これらの電報は、正統な臨時政府としての人民委員会議の知名度を高めること、そして十二日から全国で始まる憲法制定会議の選挙に影響を与えることを狙っていた。

選挙は予定日に、全国で挙行された。このロシア史上空前の自由な普通選挙の投票率は、五〇％弱であった。全国的にみてボリシェヴィキは、都市の労働者や兵士のあいだで圧倒的な支持を得ていたが、得票率は二四％しか取れず、四〇・四％を獲得したエスエルの後塵を拝した。リベラルは四・七％だったが、都市ではあなどれない勢力であることを示していた。それにたいして、エスエルは、中央部の農村、ヴォルガ、ウラル、北部新ロシア、シベリアで圧勝し、ウクライナ、カフカース、中央アジアなどでは、民族主義諸党が優勢となった。

ヨーロッパ革命の勃発に賭けていた人民委員会議は、自分たちの行動を拘束する選挙結果に満足しようもなく、選挙後も引き続き人心に強く働きかける政策をとり続けた。新最高司令官クルイレンコ少尉補は、連合国代表の抗議にもかかわらず、ドイツと十一月十九日から停戦交渉を開始し、早くも二十二日に停戦は実現した。十二月二(十五)日、中欧四国同盟とのあいだで休戦が成り、ここに、三年有余も続いた戦闘はやんだ。一時的ではあれ、平和は新臨時政府としての人民委員会議側の大きな政治的資本となった。復員もすみやかで、十一月十九日から正式に始まった。人民委員会議が十一月十四日に公布した労働者統制令に基づいて、工場委員会による工場の労働者統制が、嵐のように広がっていった。個々の企業の国有化(十一月十七日)もなされた。これによって新臨時政府は、民衆層のあいだで基盤を拡大することを追求し続けた。

休戦を喜ぶロシア兵とドイツ兵　交戦中の兵士の交歓は，軍の存立に脅威となるため，上官は神経質になった。

他の憲法制定会議への対策としては、人民委員会議が、左派エスエルとの提携に力を入れたことが挙げられる。レーニンは、十一月十八日、自党の従来の土地政策(土地の国有化)を取り下げ、エスエル党が提出した土地の社会化法案を受け入れることを、自ら表明することで、左派エスエルからの支持を確保した。左派エスエル党の事実上の創立大会が開かれた十一月十九日、コレガーエフがようやく入閣し、十二月九日になって左派エスエル七人が人民委員会議に最終的に加わった。十二月四日には、一旦選出された憲法制定会議議員を、下からの発議で容易に改選できる手続きも定められた（被選挙人を召還する権利についての法令）。

憲法制定会議の選挙結果をくつがえすためには、何よりも時間が必要だった。しかしながら、ヨーロッパ革命が起こりそうもなく、また講和交渉は暗礁に乗り上げて、ドイツなどとの戦闘再開の可能性が高まってきた。十二月十八（三十一）日の人民委員会議は、戦闘の再開に備えて、既存の軍の再編成に着手した。それと同時に、人の動員力を高めるために、ソヴィエト運動にもっぱら依拠し、その運動の制度原理に沿った国家体制を明確にするよう、強く迫られた。そこで憲法制定会議を見離すことにした。翌年一月五（十八）日、憲法制定会議を一旦開会し、その場に集った議員にスヴェルドローフが、ソヴィエト運動の制度原理に沿った国家構想を突きつけた。それが否決されるや、翌六日、同会議を予定通り解散した。ついで一月に招集された第三回全ロシア労兵ソヴィエト大会と、十三日に招集された第三回農民ソヴィエト大会で、ソヴィエト制度を正式な国家制度に転じて、二月革命以降の国制の「臨時」的状態を一方的に解消した。また、その場で、住民の圧倒的多数を占める農民に関わる土地の社会化法案も採択された。以上を踏まえて、一月十五（二十八）日に、赤軍の組織化法令が公布され、迫りくる戦闘再開に備えた。

一旦国内の難題を解決する道筋を定めると、唐突にもレーニンは、一月八(二十一)日、ドイツ側の条件に基づいて、講和条約をただちに結ぶよう呼びかけた。この突然の転換に、十一(二十四)日のボリシェヴィキ党中央委員会での反発は強く、折衷《せっちゅう》的なトロツキー案がかろうじて採択されて、ドイツとの交渉に臨むことになった。一月二十七日(二月九日)、トロツキーは同日にブレストで、ウクライナ人民共和国がドイツなど四カ国と講和条約を締結したのを知るや、「戦争をやめて兵を復員させるが、講和条約は締結しない」と宣言して、交渉を一方的に打ち切った。首都に戻った彼は、歓迎された。

トロツキーは、外務人民委員を兼務したまま、一月三十一日(二月十三日)に設置された非常食糧委員会の長に就いた。こうした職務の新設と人事は、この時期、国内の食糧問題への本格的な取り組みが、いかに差し迫っていたのかを物語っていた。なお、ウクライナ・ラーダにたいして、人民委員会議は強圧的な行動をとり続け、一月二十六日、ロシアからの遠征軍はキエフを占領し、ボリシェヴィキだけからなるモスクワに忠実な新しいウクライナ政府を、ハリコフに樹立した。

3　内戦と干渉戦

新たな国家の形成に向かって――崩壊と創出の交錯

　ロシア側の見込みに反してドイツ政府は、一九一八年の二月十三日に軍事行動の再開を決定し、十八日から攻勢に出た。二十三日に受け取ったドイツ側の新しい講和案は、ウクライナの独立の承認や、巨額の賠償金の支払い義務など、予想をこえる厳しい内容のために、ロシア側を激しく動揺させた。だがレーニンの捨て身の要求で受諾を決定し、三月三日、ソヴィエト側代表ソコリニコフは、ブレスト＝リトフスク市で条約文に調印した。やがてドイツ軍は進軍を止めた。しかしウクライナを占領し続け、さらにはカフカースもうかがっていた。四月末には、親独のスコロパッキーのクーデターによって、中央ラーダは追放された。

　講和はロシア（革命）史上の重大な転換点となった。兵士が帰村することによって、ロシア国家を支えた軍隊が消滅した。彼ら兵士がおもな担い手となった二月革命以降の大衆運動やソヴィエト運動は変質し、形骸化した。とりわけ兵士は、ボリシェヴィキの基盤だったからである。また、左派エスエルが講和条約の締結に抗議して人民委員会議から離脱し、ボリシェヴィキの単独政府へと二重に痩せ細った。しかもボリシェヴィキ内部の分裂も収束しなかった。

ロシアが大戦から一方的に離脱したことには、高い代償がともなった。他国の軍事干渉の口実をつくったからである。たとえば、帝政時代に供与した大量の軍需物資がドイツの手に渡るのを恐れた連合国は、新政権に政策変更を強いる圧力をかけるために、自軍をロシアに上陸させた。イギリス軍は三月、北極圏の軍港ムルマンスク市に、四月に日本軍がウラジヴォストーク市に、上陸した。講和を結んだとはいえ、独ソ関係も、ドイツ軍が西部戦線で敗北するときまでは、不安定なままだった。

しかしながらロシア社会は、講和条約を締結することで、ヨーロッパ大戦の一翼を担うという過大な負担から免れることができた。そして新政権が、新しい国家機関の建設に努力を向ける余裕が生まれたという結果は重要である。三月三十一日の党中央委員会が、旧帝国軍の将校など、旧体制の「専門家」を積極的に採用する意思をみせたのは、政府の関心の転換を明確に反映していた。三月二十八日に、有能な行政家でもあったルイコフがロシア経済の総元締としての最高国民経済会議の議長に就任したときから、国家機構の整備事業に着手し始めた。唐突だったとはいえ、六月二十八日、都市の大工業企業の国有化が布告され、国家資本主義的な施策が一層進められていった。

最大の問題は、都市や消費地帯の食糧難だった。それは各地で起こる社会的・政治的な危機の土壌となっていた。都市労働者も、抗議行動を始めていた。そこで人民委員会議は、五月、旧臨時政府が導入した穀物の国家専売制度が廃止されていないことを確認したうえで、その制度を徹底して実施することを宣言した(いわゆる食糧独裁令)。問題は、その制度を確実に実施させる力であった。そこで五月末、レーニンは党中央委員会が採択したという名目で、おもに都市の飢えた住民から武装集団を編成し、農村に派遣することを独断で指令した。彼らは、既存の農民の自治機関を解散した。そして、ボリシェヴィキが担う貧農委員会を農村現地に設置し、農民から強制的に穀物など食料を没収した。

ソヴィエト共和国(1918年)

ロシア各地の反ボリシェヴィキ勢力が結集し、内戦が本格化するきっかけとなったのは、大戦中に捕虜になり、その後もロシアにとどまっていたチェコスロヴァキア軍団の動きである。シベリア経由で帰国途上の同軍団の一部が五月二十五日に反乱を起こし、わずかの期間にシベリア鉄道全線と、沿線上の主要都市を占領した。彼らの動きに呼応して、ロシア各地でさまざまな反ボリシェヴィキ勢力が活性化した。

また、左派エスエルは、新政権のドイツとの戦争の再開と、農村政策の転換を求めてモスクワで反ボリシェヴィキの蜂起を起こした。また、対独戦の再開を狙ってドイツ大使ミルバッハを暗殺し、対ドイツ関係を緊張させた。しかし、その蜂起はただちに鎮圧された。七月にはチェコスロヴァキア軍団の救出という名目で、アメリカ軍と日本軍がウラジヴォストークに上陸した。こうしてシベリアにおける戦争も始まった。

七月の新政府は存亡の危機にあり、まさに沈みかかった船のようであった(「七月危機」)。そうしたなかで廃帝ニコライ二世は、裁判にかけられることもなく家族ともどもエカチェリンブルク市で銃殺された。

八月三十日にレーニンがエスエル系活動家の女性カプランによる銃撃を受けて重傷を負った。これに対抗して、この日のうちに赤色テロルの発動が宣言された。その際、銃殺を含む抑圧は、個々人の行動ではなく、特定階級への帰属を指標にしていた。九月五日、新政府の政治家や軍人五一二人が処刑された。

その一方、赤軍は、自らの危険をかえりみず最前線で陣頭指揮をとったトロツキーの下で、九月十日、カザン市を奪還したが、この赤軍初の大きな軍事的勝利は内戦史上の決定的な転換点となった。ロシアの南部からボリシェヴィキ政権を脅かしていたクラスノフ軍も、九月三十日には退けた。

ほぼ同時期に、重い負担となっていたドイツが、西部戦線で苦境のうちに沈み始めていた。まさにそれとは逆に、新生ソヴィエト・ロシアは、新しい国家機構のかたちをととのえる余裕が生まれて、ようやく浮上し始めたのだった。

大戦の終わりとロシア——戦争の激化

ドイツ軍の敗色が濃くなり、終戦の見通しが明らかになるにつれ、連合国の側に、ロシア情勢に直接干渉する余裕が生れてきた。この新たな事態を、モスクワの指導部は大きな危機感をもって受け止め、国家制度の整備を差し迫ったものとした。その一方で、ドイツで革命の兆しが急にあらわれたことは、「ヨーロッパ社会主義革命」を希求する党指導部のあいだに、革命の勃発を求めてドイツなどヨーロッパの政治情勢へ軍事的に深く関与しようとする姿勢を強めさせた。そこで十月、「三〇〇万人の軍隊の建設」を一般的指針として、徴兵機構の整備も含めた国内体制の整備に本格的に着手し始めた。実際、十一月初めにドイツで、ついでハプスブルク帝国でも革命が起こって、ようやくヨーロッパ大戦は終結した。十三日にソヴィエト政権は、ブレスト＝リトフスク講和条約を破棄した。

十一月三十日、支配領域の物資や人員の総動員のための中枢機関として、レーニンを議長に、労働者農民国防会議が設置された。また新政権は、農村から人的・物的資源を円滑に抽出するために、それまでの、臨時で非正規の貧農委員会を、正規の農村統治機構へと改組し整備した。それを踏まえて一九一九年一月に、割当徴発制度という、共同体の連帯責任制を利用した、より効率的な穀物を調達する制度を導入した。同年三月の第八回共産党大会は、「中農同盟」のかけ声の下、革命期に復活した共同体的な農村社会の統治の安定化をめざした。また組織局、書記局、政治局など、共産党中央委員会機構を整備した（すでに一八年三月、「ロシア社会民主労働党〈ボリシェヴィキ〉」は「ロシア共産党〈ボリシェヴィキ〉」と改称された）。共産党綱領（事実上の国是）も仕上げられ、共産党インターナショナル（略してコミンテルン）運動の基礎ともなった。

一九一九年三月にはモスクワで、第二インターナショナルにかわって世界社会主義革命を志向するコミンテルンの創立大会が開催された。三月、ハンガリーに帰国したベーラ・クンらの、ソヴィエト共和国の樹立の動きもあった。当初ほとんど影響力をもたなかったコミンテルン運動が各地に定着し始めるのは、二〇年に入ってからである。同年第二回大会で、「二一カ条」で、加入条件を厳格化し、単一の世界党をめざした。

もっとも怖れられていた、大戦終結後の黒海沿岸からの連合国軍の本格的な介入はなかった。しかし、連合国側からの調停の動きを無視して、モスクワ政権にまず大攻勢をかけてきたのが、シベリアの反ボリシェヴィキ勢力をまとめた旧帝国海軍提督コルチャークだった。赤軍は五月に反撃に出て、夏までにコルチャーク軍をウラル方面に押し返すことに成功した。コルチャークと入れかわるかのように、デニーキン将軍の率いる軍が、ロシア南部やウクライナで勢力を糾合《きゅうごう》したのち、七月三日にいわゆる「モスクワ指令」を発して北上を開始した。赤軍は退却を重ねた。反ソ軍は十月には、兵器工場が集中するトゥーラ市近郊まで迫った。だが、アナーキストのマフノ率いる農民パルチザン部隊が、モスクワへと北上するデニーキン軍を背後から攪乱《かくらん》した。十月中旬には赤軍も反攻に転じ、これが全内戦史上の決定的な転換点となった。ほぼ同じころ、ペトログラード市に迫ったユジェーニチ将軍の白軍も、デニーキン軍と同じ運命を辿り、退却していった。シベリアを極東方面へと敗走を続けるコルチャークは、二〇年一月チェコスロヴァキア軍団の寝返りに遭い、ボリシェヴィキのイルクーツク軍事革命委員会に引き渡され、略式裁判ののち、二月七日に銃殺された。

内戦期には、ボリシェヴィキ政権の支配地域に、三人からなる革命委員会が置かれることで、地方統治でも集権化が極度に進んだ。中央の国家機構も急速に肥大化した。だがこのことが、大衆統合という要請とのあいだで、解決しがたい難題を抱え込む発端ともなった。

ロシアの再統合とソ連邦の成立

赤軍は中央アジアにも兵を進め、ソヴィエト政権を復活させた。シベリアでも赤軍は進撃を続けた。だがそこには日本軍がとどまっていた。そこで軍事的衝突を回避するため、一九二〇年四月、極東共和国を緩衝国家として建設し、五月に正式に承認した。日本軍の撤退直後、この極東共和国は、二二年十一月にロシア・ソヴィエト連邦共和国に編入された。

戦争にかわって経済復興に着手した矢先の一九二〇年四月、突如、ポーランド軍が支配権を主張してウクライナに進入した。反撃から攻勢に転じた赤軍は、余勢を駆ってヨーロッパへの「革命の輸出」を企てた。ワルシャワ近郊まで迫ったが、全市一体となった反撃に遭い、赤軍は潰走に転じた。翌年三月、両国はリガ講和条約を締結したが、相互に強い不信感が残った。秋にはウランゲリ将軍率いる最後の白軍も、黒海沿岸から放逐された。二一年二月、メンシェヴィキが支配し、独立国として認められていたグルジアに赤軍が侵攻して「ソヴィエト政府」をつくり上げ、ザカフカース地方も、モスクワの人民委員会議の下に服した。

こうして新政権は、ポーランドはもとより、フィンランド、バルト三国を除いて、旧ロシア帝国の版図の多くを継承した。新しい国家がいかなる形態をとるのかについての意見には、曖昧さが残っていたが、十月の武装蜂起直後、単一の「ロシア共和国」の名称が採用された。しかしウクライナで独立の動きが高まり、内戦が始まると、ロシア共産党最高指導部は、ロシア、ウクライナ、ベロルシア

（ベラルーシ）、アルメニア、アゼルバイジャンなど、各共和国が完全に独立した主権国家として並存する体裁を採用するという方針に転じた。各ソヴィエト共和国は、相互に対等の関係にあり、条約を結び合うことで統一行動を演出することになった。その一方で、一九一九年三月の第八回共産党大会では、各共和国を排他的に指導する共産党組織を、モスクワのロシア共産党中央委員会の単なる地方委員会として、中央に無条件に服すよう決定していた。そうである以上、各共和国の独立とは、事実上、フィクションにすぎなかった。それでも内戦・干渉戦の時期には、敵をともにすることで、かろうじて統一した行動をとれていた。

一九二一年以降、外界との外交関係が復活したり、経済復興の動きが本格的に進められるようになると、各ソヴィエト共和国の行動を一層緊密にさせ、統一した行動のための手続きを簡素にすることが、求められてきた。そして個々の国家間で条約を締結するという厄介な方法を、根本から見直す必要に迫られた。二二年にスターリンは、単一の「ロシア・ソヴィエト社会主義共和国」を設立し、それまで独立していた共和国を「自治共和国」という名称・資格で、そこに編入するという構想を提案した（「自治共和国化」案）。これは、モスクワのロシア共産党中央委員会を頂点とする統一的な秩序を、そのまま国家制度に転化したものだった。それにたいしてレーニンは、スターリン案に強く反対し、「ヨーロッパ・アジアの諸ソヴィエト社会主義共和国の同盟」という構想を対置した。スターリンは屈し、レーニン案が一部修正のうえ共産党の方針として採択された。二二年十二月に、建前ではあるがそれまでの独立した各共和国の対等の結びつきを前提として、さらにそれら諸国のうえに連邦政府と中央機構が設立された。こうしてモスクワの党中央委員会政治局が演出する、ソ連邦＝ソ同盟という壮大な演劇的空間が出現した。かかる空間を維持するためには、多くの煩瑣《はんさ》な手続きが必要とされたにもかかわらず、旧ロシア帝国の版図上に再生した多民族国家を、一九九一年まで保持する効果をもった制度でもあった。また、修正されたとはいえ、レーニンの構想は、大英帝国を中心とした帝国主義とアジアなどの植民地支配体制(パクス・ブリタニカ)に対抗する理念として、長く重要な意義をもち続けたのである。

4　革命期の社会

変革と混沌のもとで

一九一七年〜一八年の土地革命では、農民は共同体を基盤として行動し、農村内の他の社会集団すべてを共同体的秩序に取り込んでいった。その結果、地主階級は、独自の社会的・政治的集団としては、完全に消滅した。ストルイピンの土地改革の結果生まれた自作農(フートル農、オートルプ農)も、三圃《さんぽ》制農法に基づく共同体の復活の大波にのみ込まれて消えてしまった。農民のあいだで、平準化が進んだ。それによってロシアの農業生産能力に重大な打撃が加えられた(いわば、農業の原始化)。しかし、革命期を全体として眺めた場合、ロシア社会の相貌が大きく変わったのは内戦期であり、一九一七年革命期は発端にすぎなかった。

ロシア社会の疲弊は進み、都市の人口も減少した。厳しい政治的・経済的・軍事的環境は、多くの亡命者を生み出した。余裕のある人々は、食糧事情のよいロシアの南部に移住したりした。ロシアに残った人々のなかには、新政権のもとで、それまで習得したさまざまな職能を生かそうとする者もいた。新政権の側も、一八年三月にドイツと講和条約を締結したのちに、経済復興に乗り出そうとするや、さまざまな分野の専門家の助けが必要なことを痛感させられた。そこで三月三十一日の共産党中央委員会は、さまざまな職種の専門家を積極的に採用する動きを、明確にみせた。専門家には技師だけではなく、旧経営者や公務員、そして何よりも軍の将校も含まれた。彼らを広くとらえていえば、一八世紀以降、帝政の下で育まれてきた近代資本主義文明の産物だったのである。この時期にとくに重要だったのが、新しい軍隊の指揮官、つまり「専門家」としての旧帝国軍将校だった。彼らに助けられてこそ新政権は、赤軍という正規軍を再建できたのである。

外界から一切遮断され、国内の政治が混乱するなかで、社会的・経済的な関係も大きく変化した。都市の労働者、公務員、軍隊などを支えるために、一九一八年五月に公布された、いわゆる「食糧独裁令」によって農産物の国家専売制が再確認され、その自由な取り引きも厳しく制限された。消費協同組合が広く形成され、配給制度を支えていた。もっとも、公的機関からの配給だけでは生活できず、闇取り引きは、なかば公然とおこなわれていた。

一七年末から実施された個々の企業の国有化は、一八年に入るや産業部門ごとにも進み、ついに六月には、ほとんどの大工業が国有化された。銀行の国有化法は、すでに一七年十二月に公布されていたが、実質的な国有化と、各種銀行の統合が進んだのは、一八年末以降である。機能しない市場メカニズムを代替するために、国家経済機構が肥大化した。最高国民経済会議に直属する産業部門ごとの国家経済機構(グラフク)が出現した。

こうした耐乏生活のなかでは学問や文化活動の発展は至難だったが、伝統破壊的なアヴァンギャルド芸術は、むしろ革命政府の保護を受け、その創造力が途切れることはなかった点は注目される。

一九二〇年になると、ソヴィエト政権が生命力をもつことが、誰の目にも明らかになった。同年夏のポーランド戦争の際、旧帝国陸軍最高司令官ブルシーロフが、旧帝国軍将校に、ソヴィエト政権と協力するよう呼びかけて大きな反響を呼んだ。とくに二一年の政策転換(「ネップ」への移行)のあと、ウストリャーロフが国外から、ソヴィエト政権への協力を呼びかけた。亡命者のなかからロシアに帰国する者も出てきた。しかし、和解の雰囲気も一時的で、二二年になると、国内に残っていた自由主義的知識人が国外に追放された。

戦時共産主義

内戦の戦局の帰趨《きすう》が大方のところ判明した一九一九年末、経済復興の動きが顕著になった。ロシアにたいする連合国の経済封鎖が解除されたことも、その動きをうながした。経済を復興させる事業は、ポーランドとの戦争で中断したが、十月から再開された。この経済復興への取り組みとは、新政権や彼らを支える党員集団がはじめて直面する事業だった。

十月革命以降の流れを大きくみれば、二月革命で露出したロシアの社会的、経済的崩壊と、軍を中心とした国家機構の急速な肥大化という、二つの逆向きの動きが同時に進行していたのである。そしてソヴィエト・ロシア最初期の最大の達成物は、その軍を中心とした国家機構だった。そこには国家経済機構や協同組合、国家行政機能を代行する労働組合なども含めてよいだろう。それらは、ボリシェヴィキ政権に残され、確実に活用できる唯一にして最大の資源でもあった。そこで政府は、経済復興のために軍隊の兵士の労働力を活用しようとしたのである。一九二〇年一月に、国の労働力を組織化し、動員するための中央機関が設置され、その長にジェルジンスキーが就いた。こうした政策は、当時、労働・経済の軍隊化と呼ばれた。

経済の復興政策の方針を定めたのが、一九二〇年三月から四月にかけて招集された第九回共産党大会だった。国のすべての部門を同時に復興させるのではなく、部門間で優先順位がつけられた。運輸や燃料部門の復興が最優先され、ついで機械生産部門であり、最後に消費財生産部門の順であった。

戦時共産主義のポスター 「武器でわれわれは敵を打倒した。われわれは労働で穀物を獲得しよう。すべてを労働に，同志よ」とある。

そのいずれの段階でも、農民が重い負担を引き受けることになった。すべての非農業部門の労働者に十分な食糧を生産し、供給するという義務が、農民の肩に重くのしかかったのである。

農民への負担は、それだけではなかった。運輸部門の復興には、十分な燃料が不可欠である。当時、必要な燃料の八〇%近くが薪だった。その薪を調達するために、鉄道の沿線数キロに住む農民にたいして、森林伐採や運搬という重い労働義務(労役)が課せられた。冬場には、路線から除雪する労役も課された。また、農村的な小規模の工業も、経済復興策に組み込まれ、二〇年十一月に、小規模工業企業の国有化が決定された。

ところが一九二〇年は凶作となり、翌年の穀物の播種《はしゅ》面積が大幅に縮小することが予想された。そこで国家が指定する面積に穀物を播種することを、共同体農民に強制する政策が採用された。その政策の遂行にあたって、党員を動員することや国家機構を広く利用することが、あたかも万能薬であるかのように想定されていた。経済復興も、国家の側がどこまで率先して行動できるかにかかっていた。国家のそうした行動を支え、保障していたのが共産党員集団であり、また彼らのあいだの士気の高さだったのである。

すでに一九一九年の秋に、現場労働者や赤軍兵士などのあいだで「党週間」と呼ばれる大規模な入党キャンペーンがおこなわれた。その結果、党員数が急増していた。内戦で勝利したことも、彼ら新党員や指導者たちを楽観的な気分にさせていた。「戦時共産主義」とは、まさにそうした気分にある党員の存在を前提とし、また彼らに支えられていた経済復興の政策体系だったのである。「戦時共産主義」のはらむユートピア性とは、それを支えてきた共産党員集団が共有する、ユートピア志向の反映でもあった。「戦時共産主義」とは、ユートピア性と、日常的な経済活動の絡み合った秩序として、スターリン体制の先駆としての性格ももっていたのである。

革命と教会

第一次世界大戦やロシア革命は、ロシア社会における正教会の位置を大きく変えた。二月革命以前、皇帝一家とラスプーチンの親密な関係をいさめようとする聖職者の試みは、ことごとく退けられ、彼らは遠隔の地へ追放された。こうしたことが、ロシア正教会の権威を著しく損なった。しかし、正教会の事実上の首長であった皇帝が、二月革命で不在となることで、正教会の進みゆく路が多様化した。

正教会は、全体としては「二月革命」後の臨時政府の国内政策、ならびに対外政策を支持していた。一九一七年八月に招集された全ロシア地方公会議の場で、それまでの宗務院体制を改革するのか、それとも一七二一年以前のように、総主教を置くのかの選択が、正教会に迫られた。ボリシェヴィキの武装蜂起は、正教会のなかの逡巡を捨てさせた。全ロシア地方公会議は、十一月五(十八)日に、モスクワ府主教チホンを総主教に選出して激動期に備えた。そうした正教会にソヴィエト政府は、十八年一月二十日(二月二日)の法令で、劇的な宗教政策を打ち出した。それは、政教分離、ならびに教育と宗教の分離を指令して、正教会からそれまでの特権的な地位を奪った。しかも宗教団体から法人格を剝奪し、教会の財産を「人民の財産」と宣言することによって、没収の可能性すらもにおわせた。それにたいして総主教チホンは、ソヴィエト政権に破門を示唆し、両者の関係は緊張した。

それまでは教会をおとずれる人は少なかった。だが一九一八〜一九年に人々は、新政権の指導部の予想に反して教会に殺到し始めた。一八年四月十九日、司法人民委員部に特別に清算部が設置され、教会財産の国有化のキャンペーンが始まると、信者は教会防衛グループを結成して抵抗を試みた。それにもかかわらず、同年九月、全ロシア地方公会議は解散させられた。

赤色テロルの早い段階から総主教チホンは、ボリシェヴィキを破門しようとしたが、彼は、内戦のもっとも激しい時期には、ソヴィエト政権に融和的な態度をとり続け、ソヴィエト政権、反ソヴィエト政権のどちらの側につくこともかたくなに拒み続けて、正教会の分裂を回避しようとした。それでも内戦の時期に、反ソヴィエト政権側の支配地域の聖職者たちが独立した組織をつくることは避けられなかった。内戦が終わると、ロシア国外の組織がチホンから独立し、しかもチホンの代理として行動し始めたことで、ロシア正教会全体の分裂が進んでいった。

一九二一〜二二年の大飢饉のとき、ソヴィエト政権の指導部は、飢饉被災者への援助に教会が直接関与するのを禁止し、そのかわりに、教会の財産の供出を命令した。そのために、各地でソヴィエト政権側との衝突が起こり、八〇〇〇人以上の聖職者が殺害・処刑された。二二年五月六日には総主教チホンは逮捕され、ドンスコイ修道院に幽閉された。二五年四月七日にチホンは没した。すでにこのときまでに教会は、新政権のもとで、制度のうえでは社会の周辺的な地位へ押しやられていた。教会の地位が改善するのは、四一〜四五年のいわゆる「大祖国戦争」にいたってからである。

第九章　スターリンとソ連世界の出現

1　レーニンからスターリンへ

経済復興と共産党の危機

重い税や労役の負担と、乱暴な扱いに不満を募らせていた農民は、一九二〇年に、西シベリアで共産党政権にたいする大規模な反乱を起こすにいたった。のちにその反乱は、ロシア中央部へと拡大していった。

一九二一年一月に入ると、燃料危機、運輸危機、そして都市の食糧難が、連鎖的に発生した。ペトログラード市の労働者も、食糧難を免れなかった。以前から共産党政権に不満を募らせていたクロンシタット要塞の水兵も、ペトログラードの労働者の不穏な動きに影響を受け、「共産党抜きのソヴィエト権力を」というスローガンを掲げて三月に反乱を起こした。その鎮圧のためには、トロツキーやトゥハチェフスキーら軍の最高指導者や、ほぼ同じころに開催されていた第十回党大会の代議員の多くが現地に派遣され、鎮圧作戦に直接参加するほどだった。

この時期の政治危機の性格は複合的だが、何よりも「上層部から」始まった点に特徴がある。ソ連指導部は、一九二〇年十月以降から危機があらわれる直前まで、経済復興政策に本格的に取り組み始めていた。そうした時に、復興政策を進める際の労働組合機構の役割や、それを運用する方法をめぐる対立が、共産党の最高指導部内で突然、起こった（「労働組合論争」）。

さらに、この争いを党指導部内にとどめようとする動きにたいし、党指導部を「党の民主化」の名において批判する声が、二〇年末から二一年はじめにかけて急に高まった。議論は新党員も含む党員集団全体を巻き込み、共産党員集団の一体性や、決定の上意下達という中央集権的秩序が崩壊する寸前にいたった。危機の背景には、一九年秋以降、新たに入党した党員集団のあいだに、党指導部側の指導方にたいする強い不満と、不信がたまっていたという事情があった。

こうした党内の動きは、党員や赤軍兵士を動員して利用することを眼目とする経済復興策（戦時共産主義）を、挫折させかねなかった。問題のより重大な点とは、一九一七年の武装蜂起を端緒として内戦期に形成された、共産党を核とする中央集権的な体制が崩壊するおそれがあったことである。最高指導部が、政治危機からの打開策の模索と、経済復興策の再検討という、二つの切実な課題に同時に取り組むことを迫られていたのが、この時期の特徴である。

まずレーニンは、一九二一年二月八日の党政治局の会議で、農業経済復興策を一部修正することを提案した。三月の第十回共産党大会は、そのレーニン提案をさらに練り上げ、穀物の国家専売制と割当徴発制度の二つを廃止した。そして現物の穀物徴集方法を、一律に徴発する方式から租税方式に切り替えることを決定した（現物税制度）。それによって農民は、納税後に手元に残る農産物を、地域的な範囲内ではあるが自由に販売ができ、経営規模（播種《はしゅ》面積）を拡大すればするほど、自分の手元に残る可処分量を増やせることになる、などとされた。共産党員の動員と、国家機構による強制に依拠した方式を放棄し、レーニンが「縄を緩める」と表現したように、農民の経営行為への規制を緩め、むしろ彼らの自主性を積極的に奨励することによって経済を復興しようとした点に、新政策の特徴があった。

またこの動きは、農民の体制への不満の緩和をも目指していたことはいうまでもない。一九二一〜二二年にはすでにロシア中央部を席捲した農民一揆（たとえば、タンボフ県のアントーノフを指導者とする大農民反乱）の鎮圧には、赤軍の投入が必要なほど、規模が拡大していたからである。

一九二一年は、前年よりも厳しい干魃《かんばつ》にみまわれ、大凶作となった。数百万もの餓死者を出し、飢饉につきものの人食いも横行した。自然の圧倒的な力の前に無力さをさらけ出した共産党は、当初は抵抗したものの、一九二一年夏以降、国の経済をさらに広く市場メカニズムに委ねる政策へと突き進むことを余儀なくされた。中小企業は国家管理から解放されたり、旧所有者に返還されたりした。国有大企業も市場関係に全面的に対応した。二一年秋になると、レーニンは党員に向かって「商業を学べ」と大胆に呼び掛けるにいたった。

新しい環境の下で農民が労働意欲を起こし、天候が好転するのを待ち受けたところ、幸いにも一九二二年は好天だった。前年の凶作で種子にまで手をつけた結果、穀物の播種面積は縮小したが、大豊作となった。幾千万の農民経営者の元から穀物が市場に流れ込み始めた。農村に避難していた労働者も、同年夏から都市の工場に戻り始めた。ロシア経済は、幾千万もの無名の人々(おもに農民)の行為に支えられることで、一九一四年夏に始まったヨーロッパ大戦以降、はじめて上向き始め、さらには急速に戦前の水準にまで近づいていった。二二〜二四年のあいだに進められた幣制改革によって、健全財政と、安定通貨の導入にも漕ぎ着け、二四年には金に裏付けられた紙幣(チェルヴォネツ)が発券された。その事業においては、帝政時代の有能な高級官僚で、政治家(カデット党員)でもあったクートレルの助けが決定的だった。このことは、初期ボリシェヴィキ政権下の経済運営上、「ブルジョア専門家」の位置の重さをあらわす象徴的事例だった。

それにたいして最高指導部が政治面でとったのは、厳しい態度だった。体制の核心をなす党員集団の分裂を「党の病気」(レーニン)ととらえることで、体制を積極的に支えてきた党員集団の内部の秩序を厳しく引き締めることで臨んだのである。

第十回党大会は、「分派の禁止」決議を採択した。この決議の眼目は、党員全体のあいだではなく、特殊古参の寡頭支配集団のあいだで、互いに競合する「分派」の結成を禁止することにあった。彼らのあいだで「分派」を結成し、膨れ上がった末端の党員大衆を囲い込み合って対立するようなことは、上意下達の原理が貫かれている党員集団全体を、「党内民主化」の名において「上から」分派ごとに垂直に引き裂くに等しい事態であり、古参党員集団の寡頭支配それ自体の解体につながるおそれがあったからである。

つぎに最高指導部は、一九二一年の夏から、古参党員自身の価値観、思想、活動の仕方などを基準にして、党員全体を、彼らの日頃の行状を点検しながらふるいにかける作業に着手した（党の総粛清、あるいは総点検）。粛清の結果、おもに内戦期に入党した者が除名された。そしてこのとき以降、入党は厳しく制限され、党員総数の減少は、二四年まで続いた。

以上の党の引き締め策を、制度として固定化するために成文化したものが、一九二二年八月に開かれた第十二回ロシア党協議会で採択された、新たな党規約だった。この党規約は、党史上はじめて、党書記職を各地の党委員会の筆頭者として明記し、また、書記職に就くための条件に制限を設けて、特定の党員歴以上をもつことを要件とした。それによって、事実上、各級の党書記は、党中央組織局と党中央委員会書記局機構による任命職に転じた。こうして古参党員集団の寡頭支配は「党書記のヒエラルヒー」（トロツキーの言）として現実となった。すでに二二年四月に、寡頭支配体制全体の事実上の管理責任職として党中央委員会書記長職が設けられており、設置の際にスターリンが同職に任命された。

一九二一年春の政策転換後、イデオロギー上、思想上の不寛容さも高まった。一九二二年にエスエル党員の公開裁判が開かれた。被告は有罪とされ、一部のものは死刑判決を受けた。亡命せずにいた

	1917年以前	1917年	1918～20年	1921年以後
第８回党大会(1919. 3)	81.55	18.08	0.3	(0.07)
第９回党大会(1920. 3～4)	60.1	24.5	15.4	
第10回党大会(1921. 3)	35.4	25.5	37.8	(1.3)
第11回党協議会(1921.12)	50.4	12.4	37.2	
第11回党大会(1922. 3～4)	49.3	25.4	25.3	
第12回党大会(1923. 4)	59.2	22.0	18.8	
第13回党協議会(1924. 1)	60.9	17.2	21.1	0.8
第13回党大会(1924. 5)	48.7	23.0	27.1	1.2
第14回党大会(1925.12)	44.5	23.5	29.0	3.0
第15回党大会(1927.12)	37.8	21.9	33.7	6.6
第16回党大会(1930. 6～7)	26.9	20.0	35.5	17.6
第17回党大会(1934. 1～2)	22.6	17.7	39.7	20.0
第18回党大会(1939. 3)	2.5	2.5	14.2	80.8

決議権を有する代議員の入党時別の比率(%)
(　)内は不明

有能な知識人も、多数、国外に追放された。教会への厳しい抑圧も続き、教会財産の没収も広くおこなわれた。

一九二二年の大豊作に刺激を受けた国の経済復興の動きは、寡頭支配層が政権を獲得して以来、はじめて直面する事態だった。それによって彼らは、ソヴィエト・ロシアの今後の行方をどのように定めるのかといった難題を突きつけられることになり、その行方の選択をめぐって指導部のあいだに不和が引き起こされた。

第一の問題は、その経済復興の動きを担っていた集団が、共産党のイデオロギーによれば、潜在的には政治的な敵となり得る社会集団(農民)だったことにある。

第二に、偶然とはいえ、一九二二年五月下旬にレーニンが発作を起こして一時公務から離れたが、そのことも指導者のあいだに不協和音をもたらす原因になった。レーニンが政治生活に復帰するまでのあいだ、党政治局の安定した運営をスターリン、ジノーヴィエフ、カーメネフの三人が暫定的に取り仕切った(「三人組」)。レーニンは十月に職務に復帰したが、十二月にはふたたび体調を崩し、二三年三月上旬の発作で半身不随になり、言語表現能力も失われて政治舞台から最終的に姿を消した。

その前のごく短い期間に、レーニンは残していく体制が重大な不安定化要因を抱えていることに気づき、トロツキーに急接近した。そして、スターリンの書記長職からの罷免を提案した、いわゆる「レーニンの遺書」を遺した。だがそれは、最高指導者間の緊張を高めただけであった。彼は二四年一月二十一日に没した。

スターリンの自立化

　党指導部が経済政策の実務に不慣れなこともあり、一九二三年夏に、復興の緒に着いたばかりの工業が「恐慌」に見舞われた。各地で労使紛争も起こった。厳しい党内秩序に拘束されていた党員集団のあいだでも不満がたまっていた。そこでトロツキーは、党内秩序の官僚主義や非民主性を批判し、「党書記のヒエラルヒー」を中軸とした政治体制の修正を迫る（「党の民主化」）書簡を、二三年十月八日に他の最高指導層に送った。これをきっかけにして指導層のなかでトロツキー支持派と、システムを変更して不安定になるのを嫌う主流派とのあいだで対立が表面化した。対立は、二四年一月の第十三回党協議会でトロツキー派の敗北に終わった。

　党指導部内の闘争に勝利したとはいえ、主流派も一九二一年以来の党レジームと、下部党員集団のあいだの齟齬《そご》を認めざるを得ず、非民主的であるとの批判をかわす策を講じることを強いられた。主流派が選んだのは、党レジームのあり方を変えるのではなく、党規約の厳格な入党手続きを踏まないままに、現場労働者を一度に多数入党させ、体制と工業労働者とのあいだの疎遠な状態を改善しようとする方法だった。指導部はそれも「捻り」を入れて「民主化」と呼び、二四年一月のレーニンの死をきっかけにして、現場労働者を入党させるキャンペーンに大々的に着手した（「レーニン召集」と呼ばれる)。このようなキャンペーンは一時のものではなく、これ以降、頻繁に繰り返され、三二年まで継続された。

このキャンペーンの目的は、第一に、体制の政治的正統性(プロレタリア独裁)への支持を工場の現場労働者から取りつけること、そして現に支持を受けていることを可視化して、象徴的に確認することにあった。また第二に、一七年革命と内戦を経て生まれた政治体制が、都市の近代工業の発展と連動する工業労働者という社会集団と、運命共同体的な関係を取り結ぶことだった。この点で一九二四年とは、ソヴィエト・ロシア史上でも、ソ連共産党史上でも、重要な意味をもつ転機の年となったのである。

しかし現場労働者をイデオロギー的に陶冶《とうや》せずに、緩い基準で多数入党させることは、従来の入党原則と根本的に矛盾していた。これは、統制のきかない巨大なバラストを抱え込むことを意味しており、潜在的に古参党員集団の寡頭支配を不安定にし続けるという重大な問題をはらんでいた。そうした見通しを突きつけられた指導部は、既存の党イデオロギーに、新たに妙案を補って新入党員を体制に再統合するという難題に迫られることになった。

一九二四年、一部の地域の凶作と、地域的な騒擾《そうじょう》が起ったとき、指導部は農村政策を見直すことで、「農村ソヴィエト活発化」政策を採用した。そして、レーニンの後継者たらんとするジノーヴィエフが前面に出て、「農村に顔を向けよ」をかけ声にしたキャンペーンが、全党を挙げて展開された。その最中の同年夏、唐突にもスターリンは、「このスローガンはわれわれのものではない」と明言し、ジノーヴィエフを露骨に批判したために、最高指導層のあいだに緊張が走った。

ロシア工業の復興と発展とともに採用された「レーニン召集」以降、続々と入党してきた新党員にとっては、「農民との同盟」を過度に強調するようなスローガンは、彼らを十分鼓舞するほどの説得力や魅力をもたなかった。むしろ逆効果となりかねなかった。工業の発展の延長線上に輝かしい未来を指し示す、斬新で現実的な指針と、イデオロギーこそが切実に求められていたのである。ジノーヴィエフのキャンペーンは、「レーニン召集」による入党者を体制に統合することにはならないと、スターリンは判断したからだろう。「三人組」の亀裂の露呈が体制を動揺させかねないことを危惧した他の最高指導者たちは、トロツキーを除く党政治局員全員にクイブイシェフを加えた「七人組」の結成へとただちに動き、指導体制を安定させた(二四年夏)。「三人組」の解消は、ジノーヴィエフとカーメネフの地位を低下させ、二人からの束縛からスターリンを解放し、自立させるうえでの決定的なステップとなった。

スターリンがさらに自立するきっかけは、突然やって来た。スターリンと同じくジノーヴィエフのキャンペーンの内容を一面的とみなしたトロツキーが、一九二四年十一月に刊行した彼の著作集のある巻に寄せた『十月の教訓』という序文のなかで、軽率にも「十月革命」期の指導者たちの言動を実名を挙げて回想した。「十月革命」当時、武装蜂起に反対したジノーヴィエフやカーメネフの一件にも触れたことで、最高指導部のあいだに激論を引き起こした。この論争は、個人への非難から新国家の将来構想にまでおよび、いわゆる「一国社会主義」論へと導かれる議論の発端となった。

マルクスやエンゲルスは、「社会主義」を広く近代文明論的にとらえており、ロシア一国ではその実現は不可能とみなしていた。その教説の影響を、寡頭支配集団となった古参党員も免れていなかった。そのため、当時の最高指導部は、トロツキーとの違いを際立たせるために、彼がヨーロッパ社会主義革命に過剰な期待を寄せるのは、ロシア農民の革命上の潜勢力を軽視する態度と裏腹である、との強引な「捻り」を入れて応酬した。農民との「同盟」の意義を強調する「捻り」は、彼らが共有してきた教説の核心に、政略的、自己保身的な意図を込めて新たにもち込んだものだった。ボリシェヴィキが権力を掌握し、しかも一定期間、現に支配できている以上、ボリシェヴィキが国家権力の掌握に踏み切ることの是非をめぐる「十月革命」以前の議論や逡巡は、もはや現実性を一切もたない過去の論争にすぎなかったからである。

このときの論争では、その発端をつくったトロツキーはほとんど語らず、翌二五年一月二十五日、革命軍事評議会議長ならびに陸海軍事人民委員から身を引いた。トロツキーの軽率な暴露的行動に怒りが収まらないカーメネフとジノーヴィエフは、党からの除名すら求めたが、スターリンらが反対して、この二人は「七人組」で孤立した。やがてカーメネフとジノーヴィエフは独自の会派をつくり、立場を一層固めたスターリンを中心とする党主流派に挑むことになる。

スターリン自身は、この一見不毛な争論に深く関わらず、ソ連史上の転換期にふさわしいスローガンの案出に耽っていたのだろう。そして思いついたのが、ロシアのような相対的に後進的な国でも、一国だけで「完全な社会主義社会」を「建設し遂げられる」という、いわば社会経済的な「一国社会主義」論であった。それを、一九二五年五月にはじめて唱えた。しかも、その「一国社会主義」論を、現代産業社会(文明)の基盤である金属工業の発展と結びつけていた。そして、その金属工業は軍需工業の基礎でもあった。「社会主義の基本的土台となっている工業を建設する点で、われわれはすでに発展の大道に出た」とスターリンは語っている。そして、ロシアの「金属工業の国際的意義」は計り知れないと続け、以下のように印象深く語る。「プロレタリア独裁の下での金属工業の嵐のような成長は、プロレタリアートが古いものを破壊することができるだけでなく、新しいものを建設することもできること、自力で新しい工業と、人間による人間の搾取のない、新しい社会を建設することができることを、まさに直接証明することである。

レーニンとスターリン　最後に決裂したが，スターリンに一貫して高い評価を与えていたのがレーニンであった。

……このことを書物の上でなく実際に証明することは、国際革命の事業を確実に、決定的に推し進めることを意味する。西ヨーロッパの労働者が、わが国へ巡礼するのは偶然ではない。それは、全世界の革命運動の発展にとって最大の、扇動的な、また実践的な意義を持っている」。

社会経済論的な「一国社会主義」論は、一九二四年の「レーニン召集」以降、陸続として入党する現場労働者を、党員として陶冶するためのイデオロギー的基準となり、新国家の「国是」となった。これによってスターリンの地位も、ソ連の行方も、ほぼ固まった。

スターリンのいや増す影響力の大きさに恐怖感を覚えたジノーヴィエフやカーメネフらは、ソコリニコフやクループスカヤ(レーニン未亡人)などとともに、一九二五年の九月に「新反対派」と呼ばれる分派を結成して、彼に対抗した。スターリンは、二五年末の第十四回共産党大会でブハーリンから全面的支援も得て、彼らをねじ伏せた。そしてスターリン版「一国社会主義」を共産党の正統的教義であり、公認の指針であることを承認させた。なおもジノーヴィエフは、二六年、トロツキーら旧「左翼反対派」指導部とともに「合同反対派」を結成してスターリン・ブハーリンらに執拗に対抗した。だが彼らは、二七年十二月の第十五回党大会で共産党から除名された。これ以後、反対派を形成しようとする表立った動きは途絶えた。

革命直後から二〇年代の対外政策

もともとボリシェヴィキ政権は、内外からの敵意に囲まれるなかで誕生し、一九一八年夏以降、外界との接触がほぼ完全に断たれた内戦期を生き延びた。その内戦の帰趨《きすう》が、明らかに赤軍に優利になった二〇年初めに、ようやく連合国（主に、旧協商国）は、ソヴィエト・ロシアに向けた経済封鎖を解除した。二〇年二月にエストニアと講和条約を調印し、五月にイランと外交関係が樹立された。続いて七月にリトアニア、八月にラトヴィア、十月にフィンランドと、それぞれ講和条約が締結された。

ヨーロッパ列強のなかで、ソヴィエト政府との接触にもっとも積極的だったのは、一見不思議に思えるが、イギリスだった。イギリスは自国の困難な経済状況を、ソヴィエト・ロシアと経済関係を再開することで解決しようとしたのである。一九二一年三月、イギリスと通商協定が締結され、事実上の承認を受けた（法的な承認ではない）。なお同日にトルコと国交が開かれた。

しかし英ソ関係は直ちに安定に向かわず、一九二三年に緊迫した。しかし二四年に成立した労働党政権のもと、両国間で正式に国交が樹立された。それもつかの間、二六年の「ジノーヴィエフ書簡」事件をきっかけに、両国関係がまたもや緊張し、翌年五月、イギリス保守党内閣は英ソ国交を断絶した。ソ連国内では、戦争が起きるという噂が広まるほどだった（ウォー・スケア）が、ほかの国がイギリスの対ソ行動に同調せず、二九年十二月、両国の国交は回復した。フランスも、政権交代をきっかけにソ連を承認した。イタリアとも二四年までに国交が回復していた。ヨーロッパの主要諸国との関係は、イギリスほど揺れの幅は大きくはなかったが、ほぼ同様によそよそしいものだった。

ソ連にとって重要な意味をもち、また比較的安定した関係を保ち続けたヨーロッパの国は、当時、国際社会から仲間はずれの境遇を共有していたドイツだった。一九二二年四月、戦後社会のあり方を議論するためにジェノヴァで開催された国際会議に出席した両国の代表が締結したラパロ条約は、ほかの国を驚かせた。両国間でさまざまな軍事交流がおこなわれ、兵器の開発も両国間で秘密裡におこなわれた。こうした極秘の交流は、ヒトラー政権が成立する三三年まで続いた。

ソ連がヨーロッパ諸国よりはるかに親密な関係を築けるかにみえたのが、十九世紀以降、西洋列強によって民族的プライドを傷つけられてきた中国だった。この国の知識人は、コミンテルンの主張にもすすんで耳を傾ける傾向があった。中国の要求を全面的に認めた一九一九年七月二十五日の第一次カラハン宣言は(その内容は、二〇年三月になって中国で知られるようになる)、中国の知識人に大きな影響を与え、二一年の中国共産党の結成の背景ともなった。公式の国家間関係も友好的だった。中国国民党首孫文は、ソ連と関係を深めることに積極的で(連ソ容共)、二四年、中国国民党と中国共産党の国共合作が取り決められた。

ソ連の影響力がコミンテルン運動を介して中国の国民革命運動へ浸透するにつれて、イギリスや中国に既得権をもつ勢力は、警戒心を強めていった。国民党自身も分裂した。他方、北洋軍閥の一派を率いる張作霖《ちょうさくりん》も、四月上旬、北京のソ連大使館を家宅捜査し、多数のロシア人や中国人を逮捕して機密書類を押収した。これを機に、ソ連と中国の国交が断絶した。直後の一九二七年四月十二日、蔣《しょう》介石《かいせき》が上海で共産党員の大量虐殺をおこなった(「上海クーデタ」)。その結果、ソ連がコミンテルン運動を介して中国におよぼす政治的な影響力は、大きく低下した。それに続いて、ソ連の東アジアでの孤立に追い打ちをかけるような事件が起った。東清鉄道の接収を目論んでいた張作霖の子息の張学《ちょうがく》良《りょう》が、蔣政権のあと押しもあって、二九年五月、突如ハルビンのソ連領事館に警察を入れ、公文書も押収した。七月には東清鉄道の接収を宣言した。北京政府は、同鉄道の管理業務にたずさわっていたソ連職員を追放する一方、ソ連との外交関係を断絶した。これにたいしてソ連は、八月、武力行使に踏み切った。赤軍は終始優位を保ち、十二月二十二日に交わされたハバロフスク議定書を交わすことで、東清鉄道を以前のような中ソ共同経営に復帰させることに成功した。

ソ連の日本との出会いの始まりは、不幸なものだった。それが、一九一八年八月の日本政府のシベリア出兵宣言と、その後のシベリア戦争である。赤軍がコルチャークを追撃しながらシベリアを東進して極東に迫ると、連合国の軍隊や代表は次々とシベリアを離れた。しかし、大陸に野心をいだく日本軍は、影響力の確保を模索しながら駐留し続けた。二〇年春、日本軍と、ニコラエフスク・ナ・アムーレを占領したトリャピーツィン率いるパルチザン軍とのあいだで、数度の衝突が起こった。同市内で包囲された領事一家を含む在留日本人や、日本人兵士の虐殺事件が起こった(尼港事件)。日本政府は事件解決の保障として、七月三日、北樺太《からふと》を占領した。日本と国交が回復したのは、二五年一月のことである。その後の両国間には、特段の進展がみられなかった。なお、コミンテルンの日本支部（日本共産党）は、中国から一年遅れた二二年に結成された。堺利彦ら明治期の代表的な社会主義者を核に、アメリカ帰りの近藤栄蔵やオランダ人のリュトヘルスたちが関わった。結成にあたって、シベリアのコミンテルン派遣員や、中国人、日本の支配下にあった朝鮮人が深く関わり、重要な役割を果たした。

広義のソ連外交という点では、コミンテルンの一九二〇年代末の奇妙な動向にも触れなければならない。一九二八年七月から九月にかけて開催されたコミンテルンの第六回大会で、世界資本主義の「相対的安定期」の終焉《しゅうえん》とか、「第三期」の到来とかいった危機感あふれる世界の現状認識や、それに対応する行動スタイルが、唐突に採用された。二九年七月の第十回コミンテルン執行委員会総会は、一層明確に「社会ファシズム」論（社会民主主義はファシズムの対立物ではなく、革命をくい止める双子の兄弟とみなす論）を打ち出して、当時の政治運動に、大きな混乱をもたらした。その直後の二九年十月、ニューヨーク取引所で株価が大暴落し、全世界的な経済恐慌（大恐慌）の発端となったことは、コミンテルンの予想が的中したかにみえた。しかし、それは偶然だった。

コミンテルンの行動指針の奇怪な「左傾化」を引き起こした原因は、世界情勢の変化ではなく、当時のソ連の国内問題（経済政策）について、スターリン派指導部が「極左路線」を採用したためである。ただ、ソ連の統治エリート層にその路線を納得させ、あと押しさえさせるために、党主流派指導部が、世界情勢の変化を口実としたのであった。「左傾化」が、コミンテルンの指導権がブハーリンからスターリンらの手に移った時期と重なっていたのは、偶然ではなかった。

2 ソ連社会主義の建設

スターリン独裁への道

「レーニン召集」後に入党した多数の党員大衆がバラストの役割を果たすことで、体制の安定性を高めたのかといえば、むしろ逆だった。かえって体制の内部に、巨大な不安定要因を抱え込むことになったのである。体制の安定性を保ち続けるためには、工業企業の現場労働者の利害と、体制とが、新入党員大衆を介して運命共同体のように安定した関係を維持できるか否かに懸かることになった。具体的には、都市工業が確実に拡大すること、しかも労働者集団の日常生活が、「聖地」らしく豊かになることが求められた。ところが、ロシアの新体制を出現させた革命自体が、ソ連の都市工業の発展基盤をきわめて脆弱にし、それを取り巻く環境を不利にしたのだった。その発展のためには、多くの難題を克服しなければならなかったからである。

その難題の一つが、「商品飢饉」と呼ばれる一見ささやかなできごととして、一九二五年にロシア社会の表面にあらわれた。都市工業が農民の購買力に応えきれるほどまで消費財を生産できないために、農民から穀物を換金化する意欲を削いでしまった。すなわち、農民は自己経営に必要な分や、納税分以上の農産物を生産したり、市場に放出したりしなくなったのである。その結果、公的調達機関が穀物を自由市場で調達することが困難になった。この事態は、「ネップ」(新経済政策)という市場メカニズムを介した都市と農村の経済的な相互関係が、実は危うくなりつつあったことを赤裸々に示していた。農村社会に工業製品を潤沢に供給し続けてこそ、「商品飢饉」を解決できたのである。

もともとソ連工業は、大戦、革命、内戦などの混乱した時期にこうむった打撃から、単に回復するだけでは不十分だったのである。その中・長期的な発展・増産のためには、巨額の投資が必要とされた。「商品飢饉」は、工業への投資源の問題をあぶり出すことになったのである。

ソ連内の投資源は、きわめて限られていた。それでも、もっとも有望視されたのが、穀物や木材の輸出による黒字である。差額分で、工業発展に必要な機械などの購入を目論んだ。貿易差額をできる限り増やすための方策の一環で、ソ連国内の経済活動全体にたいする価格規制が、「計画化」の名において厳しくなった(価格の硬直化)。農民から穀物を買い上げる価格を低く抑えようとする力も、強く働き始めた。市場メカニズム全体への国家による規制が強まった結果、皮肉なことに、「ネップ」的関係が形骸《けいがい》化し始めたのである。工業生産の「節約体制」や生産合理化運動は、工場の労働規律を高め、労働条件を悪化させることにもなった。こうしてソ連社会の行方には、政治的にも、経済的にも、緊張と不安に満ちた未来が大きくを口を開けて待ち構えることになった。

一九二七〜二八年に、体制は突如として、国の内外から大きく揺さぶられた。最大の要因は、二七年の秋に急激に悪化した公的機関による穀物の調達難である。この事態の原因は、農民が公的な調達機関への穀物の販売を渋ったことにあった。

そうした農民の行動には、いくつかの要因があった。もっとも重大だったのは、先にも触れたように、公的機関による農民からの買い上げ価格が低く抑えられていたという経済的要因であった。第二の要因は、一九二七年四月の上海クーデタに続いて起こった、五月のイギリスとの国交断絶であり、農民のあいだに戦争の噂が広まったことである（ウォー・スケア）。その噂を一層広めて、農民に生活への不安を高めた第三の要因としては、当時の党内闘争で、国際情勢の緊迫が誇張されて伝えられたことも挙げられる。パニックに襲われた農民たちが、穀物の売り渋りや買いだめに走ることになったのも当然である。

公的機関による穀物の調達難は、ただちに都市社会に食糧難を引き起こした。事実、一九二九年から、パンの配給制がいたるところの都市で導入された。とくに重大だったのが、赤軍への食料供給が滞ったことである。この事態は軍を不安定にさせ、ひいては体制にとって重大な政治的危機へと発展しかねないものだった。

穀物の輸出計画の挫折は、工業化の挫折を意味した。入党させ続けてきた若い党員にとっての嚮導《きょうどう》的構想であった「社会主義建設の可能性」の根拠を失わせる一方で、屈伏させたばかりの反対派の正しさを、確証するかにみえる事態だった。一九二七〜二八年の冬の事態は、単なる社会的・経済的な困難にとどまらず、「十月革命」後に出現し、ブハーリンの助けを借りながらもスターリンが中心となって二四〜二五年に再編成されたソ連体制そのものが、根底から掘り崩されかねないほどまでに、重大な政治的危機でもあった。

この危機的事態の構造は、一九一八年五月上旬の事態の構造と酷似していた。「農民征服政策」に自ら参加して危機を乗り切ったばかりか、その後の内戦にも耐え抜いた体制をつくり上げたのが、寡頭支配を担う古参党員集団だったのである。スターリンが直面した事態を打開して体制を保守するためには、またもや彼らに依拠するほかに、道は残されていなかった。その道とは彼らに、当時の実情と行動の型の集合的記憶を、呼び起こさせることだった。

まず、スターリンが自らシベリアに赴き、現地の機関や組織を直接指揮した。現地では、穀物調達の不調を、階級上の敵とみなされた「クラーク」という農民集団(後述)の邪悪な犯罪と決めつけ、投機の罪を定めたロシア共和国刑法典第一〇七条を彼らに大々的に適用した。この措置の実施には、恣《し》意《い》的な逮捕、現地の市場の閉鎖、抵抗する現地指導部の頻繁な更迭《こうてつ》など、のちに「行き過ぎ」と呼ばれる措置(「非常措置」)が広く適用された。一九一九年初めに導入された割当徴発制度のように、共同体の連帯責任制を利用した徴収方法も、広く用いられた(ウラル・シベリア方式)。

早くも一九二八年四月の党中央委員会・中央統制委員会合同総会の場で、「非常措置」の評価をめぐって、スターリン派と批判派(ブハーリン、トムスキー、ルイコフ達。彼らはのちに、「右翼的偏向」と決めつけられた)とのあいだで、激論が交わされた。スターリンは譲歩する素振りをみせた。だが穀物の調達難が繰り返され、そのたびに「非常措置」も適用され続けた。徴収方法の過酷さも高まっていった。二八年七月の党中央委員会総会で、スターリンとブハーリンの対立は決定的局面を迎えた。しかしながら、寡頭支配集団全体は、かつての経験の集合的記憶に導かれながらも、それまでの記憶の範囲を超えた未知の領域に踏み入ろうとしていたのだった。

コルホーズ・ソフォーズ

一九二八年以降に現れてきた体制と農民の相互関係のあり方は、「戦時共産主義」へ回帰するかのようだった。穀物を調達するために農民経営に行政的圧力を行使すれば、農民から生産意欲を奪い、穀物の播種面積を自家経営の消費分まで縮小させることは、体験済みだった。その苦い体験は、寡頭支配集団の集合的記憶に深く刻み込まれていた。一旦挫折した路に再び踏み入るからには、最初の経験からは見つからなかった農業生産の減少を阻止する手立てを、是が非でも発見しなければならなかっただろう。指導部は、そうした手立てを、危機への対応を重ねながら手探りで見つけていくことになった。そしてついに見つけ出した手立てが「集団化」と呼ばれるものであり、共同体的な農村社会

コルホーズのポスター　コルホーズ農民が，「播種していない土地を１ヘクタールも残すな」と呼びかけている。馬とトラクターの共存に注目。

を強権的に再編成する政策だった。

　農業経営を集団化するという構想自体は、新政権の成立直後にみられたものである。ただ、当時の構想は、ユートピア思想に基づく相互扶助的な性格をもっていた。それにたいして一九二〇年代末に採用された集団化構想は、まったく異質なもので、生産拡大の意欲を失った農民が自家経営の消費分まで穀物の播種面積を縮小することを、国家強権を背景にして抑止するための工場制度に近いものだった。そのような機能を果たす制度（コルホーズ、ソフォーズ）を発見するや否や、体制の指導部は、個々の農民経営を、間髪を入れずコルホーズへと集約し、その内部で農民に農作業を強いる必要があった。三〇年一月五日の党中央委員会決定は、ヴォルガ下流、ヴォルガ中流、北カフカースといったおもな穀作地帯で、集団化を一九三〇年秋までに(遅くとも三一年春までに)基本的に完遂すること、そのほかの穀作地帯では、三一年秋までに(遅くとも三二年秋までには)完遂することを、それぞれ指令した。こうして三〇年初めに、伝統的農村社会のコルホーズ的再編成(「集団化」とは、現実を反映した用語ではなく、美称なのである)は、猛然と進められた。

抵抗する農民は「クラーク」と呼ばれ、何百万人も極北やシベリアに追放された。農業生産全体が多大な打撃を受け、穀物の収穫高は減少した。多くの農民は、自分の家畜をコルホーズに引き渡すよりも自らの手で屠殺《とさつ》することを選んだ。飼料不足からも多くの家畜が死んだ。畜産への打撃の規模は破局的だった。一九二八年から三三年のあいだに、牛や馬の頭数はほぼ半減し、羊と山羊は三分の一へと激減した。遊牧民が強制定住させられたカザフスタンでも、打撃は壊滅的だった。

こうした政策は、その評価は別として、「内戦期」に農村社会を征服しつつ集権体制と赤軍をつくり上げたという体験と、記憶とを共有する集団が結束してこそ、はじめて可能なことだったのである。農業生産の停滞にもかかわらず、国家機関は農産物の調達を増し続けた。そのために、一九三二〜三三年に、ウクライナ、北カフカース、ヴォルガ流域、カザフスタンなど、ソ連きっての穀作地帯が飢饉にみまわれ、数百万人の犠牲者を生んだのだった。

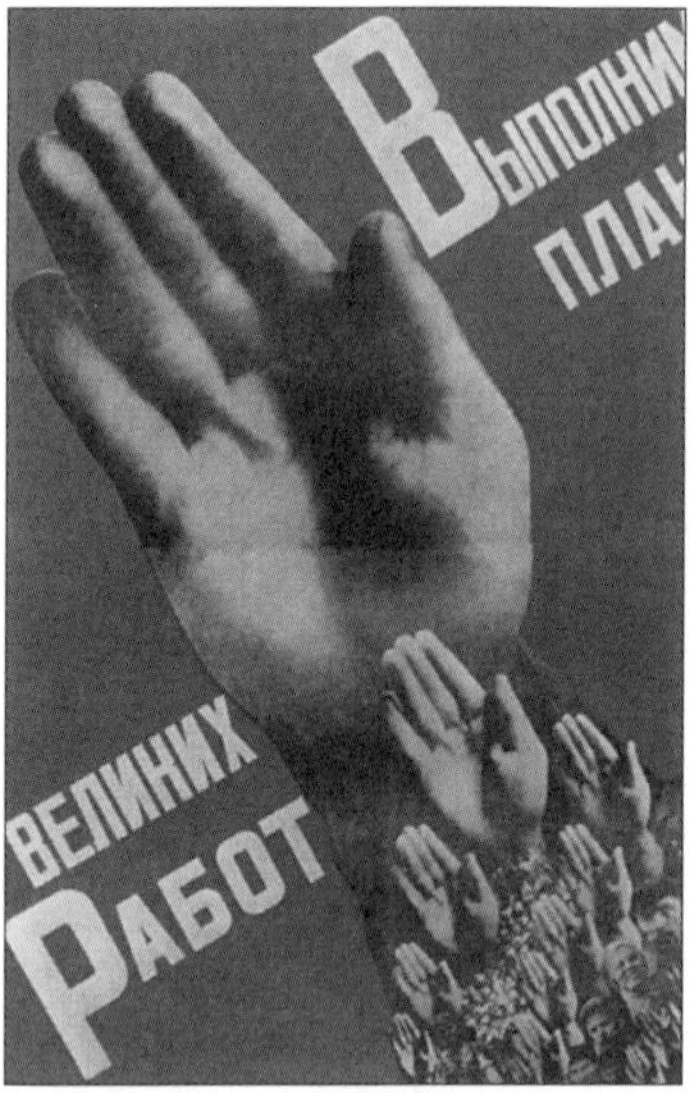

上層部の呼びかけに労働者が挙手で応えるポスター「偉大な労働の計画を，われわれは達成するぞ」。

第一次五カ年計画

「内戦期」に指導部が体験していなかったことは、工業化が重工業を中心として強行的に推進され、その具体的な成果が積み重ねられ、そして不可逆的に定着していくという状況である。これは、寡頭支配集団がはじめて取り組み、また体験することであって、彼らの集合的記憶にはまったくなかったことである。

一九二九年春に正式に採用された第一次五カ年計画案は、そのままでも野心的であり、高いテンポの成長と、それに見合った投資額を想定していた。それでも、時とともに、生産の達成目標は絶えずつり上げられた。たとえば、銑鉄《せんてつ》の生産高は、二七・二八年度の実績が三三〇万トン、三二・三三年度の目標が一〇〇〇万トンだったのにたいして、第十六回党大会では一六〇〇万トンに引き上げられた。同じように、石炭の産出の目標が七五〇〇万トンから、九五〇〇万〜一億五〇〇〇万トンへ、石油産出の目標は、二一七〇万トンから四〇〇〇万〜五五〇〇万トンへと、それぞれ引き上げられた。

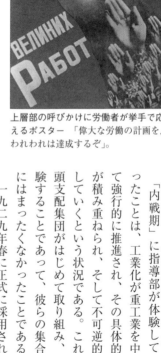

これらが示唆することは、達成すべき生産目標が、すでに人々を動員する手段としての政治的スローガンへと転化していたということである。そのため、そこでの目標が、経済的な合理性への配慮から乖離《かいり》していたのも不思議ではない。

強引な政策は、一見、不合理のようだが、大局的にみると、ある種の合理的な論理によって貫かれていた。すなわち、そうした成果に基づいてこそ、将来には消費財も豊かに生産できるようになり、穀物調達難の重要な原因のひとつだった「商品飢饉」も解消できるはずだという考え方である。そして、農民経営体にサーヴィスするトラクターの生産も、電化事業も、実現できると考えたからである。もちろん、軍需産業の基盤も拡大できることになる。そのような論理で工業化のテンポを高めたこと自体が、当時のソ連社会が直面した困難を引き起こす原因だった。だが、その困難を克服する近現代文明上の万能薬ともみなされたわけである。そのため、穀物調達難が深刻になればなるほど最高指導層は、かえって人的・物的犠牲には目をつぶり、工業の基礎であり、近現代文明上の基盤である重工業を、可及的すみやかに発展させることに邁進したのである。窮状にあった指導部とスターリンは、未来へと逃避したのだった。

穀物調達難と、その直後に始まる強行的な工業化の政策が、経済的な合理性より政治的なキャンペーンの性格を優越させていたために、国全体を動員するための政治的な雰囲気づくりが重視された。その発端がシャフトゥイ事件である。これは一九二八年三月十日、ドンバス炭田のシャフトゥイという都市で、技術専門家と外国機関を巻き込んだ「反革命陰謀」が摘発された事件である。事件は捏造《ねつぞう》だった。スターリンはこの事件を利用して、革命以前に教育・訓練を受け、国のあらゆる分野でなおまだ重要な任務に就いていた、いわゆる「ブルジョワ専門家」への警戒心を強めるよう訴え、また「自己批判」も呼びかけた。こうして国全体に階級闘争的気分をフレームアップしたのである。

加えてスターリンは、一九二九年四月、社会主義建設が前進すればするほど資本家分子が必死に反撃を強め、階級闘争が一層激化するという有名な「階級闘争激化」論を、はじめて披露した。これは、危機的状況を克服しようとする党員や活動家の行動に明確な意味を与えることにより、彼らの行動を鼓舞するという効果があった。指導部の政策やイデオロギーも含めた体制全体が「左傾化」したことは、それに同調しがちな「トロツキー・ジノーヴィエフ」派を急速に分解させ、同派の名だたる活動家がスターリン派のもとに馳せ参じた。

その一方で、革命後の新社会を構築するにふさわしい教育や文化、技術を習得した集団が、新しい社会関係の構築と並行して出現していることを、大々的に演出することも求められた(「文化革命」)。社会のあらゆる分野で、世代の壮大な交代劇が演じられた。実際この時期は、若い世代の高揚の時期だったのである。

知識や技術の面で、若い世代に奉仕する教育機関が多数出現した。農村から都市にやってきた青年に、新しい文化や技術を習得させることが重視された。そうした彼らのメンタリティーに合せて、文学などさまざまな象徴体系や文化事象・環境などにもラジカルな伝統破壊の波がおよんだ。革命直後に全面的に花開いたアヴァンギャルド運動は変質し、それにかわって党や国家の「社会主義建設」政策を美化したり、理想化したり、あるいは類型化する文化運動が、「社会主義リアリズム」の名で奨励されるようになっていった。この傾向の代表的な小説は、オストロフスキーの『鋼鉄はいかに鍛えられたか』である。なお、後年亡命を強いられたソ連の批評家アンドレイ・シニャフスキーは、「社会主義的古典主義」と喝破した。

スターリンが解き放った社会の勢いに抗しれず、劣勢を自覚したブハーリン、ルイコフ、トムスキーは、一九二八年十一月の党中央委員会総会前夜に、各人が占めていた体制の指導的ポストを辞任すると声明してスターリン派指導部に圧力をかけようとした。しかし二九年二月九日、はじめて名指しで三人を非難する決議が採択されたことは、すでに古参党員の寡頭支配集団のあいだで同意を取りつけられるという、スターリン派による自信のほどを示していた。

社会全体ではないにせよソ連社会の内部の高揚感を如実に反映していたのが、この時期の党員数の激増である。一九二九年に総粛清（全党員の資質の総点検）が実施されたが、党員総数は減るどころか、三二年十二月まで異常に高いテンポで増え続けていった。彼らこそが三〇年代後半以降、ソ連世界を担うことになる集団なのだった。

3　実現したユートピアか——新たな秩序の出現

一九三二〜三三年の危機への対応

工業化の結果、ソ連は世界有数の工業生産高を誇る国家へ一挙に転じた。大不況期のアメリカなどからの機械輸出の過半がソ連向けであり、その分、アメリカの苦境を軽減するのに貢献した。資本制的な経済メカニズムの不調と、五カ年計画の成功との際立った対照は、欧米諸国の少なからぬ知識人に感銘を与え、「計画経済」と呼ばれたソ連経済の優位性として理解された。

しかしながら当時のソ連社会は、急激な工業化政策や、伝統的な農村社会の強引な再編成政策（集団化）によって大きな衝撃を被って緊張し、激しい混乱と流動化の最中にあった。そしてあらかじめ述べておけば、安定した新しい枠組みは、その危機を克服するための、試行錯誤をともなう取り組みが辿り着いた結果、ようやく出現してきたものだったのである。

とくに緊急に安定させなければならなかったのが、編成されたばかりの農村社会の新しい生産秩序だった。出現し始めた新しい社会的、経済的秩序を早急に安定させて定着させるために、物財の管理と人の管理の両面で、厳しい措置が採用された。たとえば、一九三二年八月七日付の、いわゆる「社会主義」的財産保護法は、「社会主義」的なものとみなされた財産への罪（窃盗や毀損《きそん》）を、ほかの財産に関する罪よりも重くし、全財産没収をともなう死刑、あるいは一〇年の自由剥奪刑に処した。この「社会主義」的財産には、コルホーズで生産される穀物も含まれていたのである。

人の移動の管理のためには、一九三二年末から三三年初めにかけて公布された一連の法令によって、パスポート(国内旅券)制度が導入された。これ以降、ソ連市民は、移動の際にパスポートの携行が義務づけられた。居住も、パスポートに査証を受けた土地でのみ許された。ところがコルホーズ農民には、パスポートが交付されなかったのである。そうした農民への特別措置の理由は、飢饉などで多数の農民が農村を捨てて都市へと流出するのを防止するためだった。農民は、居住し、労働する地域に飢えたまま縛られる「二級国民」に転じさせられた。

こうした急ごしらえの新しい農業制度(コルホーズ)を定着させようとする要請に応えるために設置された国家機関が、機械トラクター・ステーション(MTS)だった。それは、生産や労働の現場に密着しながら、新制度や人々を監督する一方で、技術的支援もおこなった。

特徴的なことに、この機械トラクター・ステーション、およびソフォーズのもとに、一九三三年一月に政治部が設置された。政治部長は、機械トラクター・ステーションの副所長を兼務した。その政治部の副部長二人のうちの一人は、治安警察業務を担当する統合国家政治局の代表だったことは、この時期の農村社会の人心の実情を反映していた。政治部は、コルホーズ役員や村ソヴィエト活動家を多数、更迭・逮捕した。政治部の度をこした行動にたいして、スターリンとモロトフが三三年五月の秘密指令で、「農村における大量の無秩序な逮捕」の抑制を呼びかけたほどだった。強い権限を持つ政治部の独自行動は、通常の農村統治システムの枠組みにおさまらず、現地の党、国家機関とのあいだで紛争を引き起こすこともあった。

一九三四年十一月にいたって、政治部の廃止が決定された。このころまでに、穀作を中心とした農村地域をコルホーズとして再編成する事業は完了していた。そうした事態を受けて、コルホーズを個々に整備する段階にいたり、整備の際の雛形として「コルホーズ模範定款」が、翌三五年の初めに示された。ここに、農村社会のコルホーズ的な再編成策は一段落した。

工業化の計画目標も現実に即したものとなり、政治的キャンペーンの性格も薄まっていった。早くも一九三三年一月にスターリンは、第二次五カ年計画では成長のテンポを下げ、消費財生産の増産も予定していると公にした。そのうえで、「建設から習得へ」や、「経済活動の現場での点検」などが、当時の中心的なスローガンとなった。

当時の激しいインフレーションが市場メカニズムを介した原価計算を無意味にしたため、経済行動を評価する基準が現物指標にかわっていった。市場メカニズムが極限まで社会の片隅に押し込められて、信用制度や銀行制度も大きく再編された。

市場メカニズムが広く機能する、相対的に自律的な経済社会というモデルから大きく離れ、国有工業の管理・経営を担当してきた国家の経済管理機関である最高国民経済会議が、いっさいの経済運営を引き受け、国の経済活動の国家行政化が進んだ。最高国民経済会議の作業量は膨大になり、産業部門ごとの担当機構も肥大化した。そこで一九三二年一月、最高国民経済会議は、重工業、軽工業、林業各人民委員部という省庁相当機関へと三分割されて姿を消した。国家経済機関の産業部門ごとの分割はそれにとどまらず、それぞれが独立した省庁相当機関に転化した。その一方で、部門ごとに細分化した工業を全体として管理し、調整する機関としてのゴスプランの役割が高まった。これがペレストロイカ期まで続くソ連の経済システムの骨格だった。

労働組合機構は「十月革命」直後から、社会保障という国家的機能や国家経済機関の役割を引き受けていたが、そのまま役割を維持し、拡大し続けた。これまで述べてきたような対応を積み重ねながら、人類史上、未知で新しい工業生産秩序が出現してきた。当時のソ連の内部では、マルクス主義的な意味での「社会主義社会の実現」に向かっている証しであると喧伝された。

一九三三年の粛清

一九三二〜三三年の危機的な状況を克服する際、新たに出現した経済制度を安定させるために、「上からの措置」と「下からの措置」とが同時に採用された。その実現の際に、共産党を核とするソ連世界に特徴的な対応の仕方があらわれることになった。

ひとつは、党組織や党員大衆が生産の現場に一層近づき、あるいは直接監督できるようにしたことである。共産党中央委員会書記局機構が経済の各部門に応じて縦割りされ、党機構と国家経済機構との重なりが強まった。この党機構の改組は、三四年初めの第十七回共産党大会が採択した党規約に成文化された(後述)。

もうひとつの対応は、革命後の新体制で特徴的であるが、全党員の行状の総点検(共産党の総粛清)である。総粛清の前提として、一九三二年十二月十一日以降、入党が停止されていた。点検作業は三三年秋から始められた。この総粛清(総点検)は、古参党員集団の側の価値観や党員像を基準にして、全党員を一人一人点検する手続きであり、党員全体を引き締め、古参党員集団の寡頭支配を強化する方策として、一九年以降、いく度も繰り返されてきた。しかし今回は、総粛清の目的に、政治秩序・体制の強化と並んで、社会経済関係を安定させることが新たに加わったことがもっとも重要な点である。

すなわち、第一次五カ年計画期(一九二八年〜三二年)に入党し、現場で働く共産党員の活動ぶりを点検して規律化することによって、新たに出現した経済機構や社会制度、生産現場を安定させ、定着させようとしたのである。第一次五カ年計画期に、多くの農民が未熟練労働者として都市に殺到し、工業部門に参入して混沌とした労働者の世界が生まれていた。党の粛清は、そうした労働者の世界に規律をもたらし、労働生産性を高める効果も切実に期待されていた。時期は遅れるが、三五年から始まったスタハーノフ運動は、工業労働者を中心とした価値観を、ソ連社会に定着させる効果を狙っていたと評価できる。

　ところが、一九三三年から始まる党員の点検作業（粛清）では、「レーニン召集」以降の党員、とくに工業化で実際の労働に従事し、工場の現場や付属の学校で技術を習得してきた党員集団と、点検する側の古参党員集団とのあいだで、党員観のズレが各所でみられる事態が生まれた。新党員は、習得した技術などの点で経済の実務に長けていたが、マルクス主義理論の習得度の低さ、マルクスやレーニンの著書はもちろん、党の基本文献さえも読まないこと、党集会の欠席、などの理由から「消極分子」と呼ばれ、共産党から除名されたり、降格されたりする事例があいついだ。またその問題は、全国紙にも掲載されるほどとなった。点検の際、『資本論』の試験が課された事例すらあった。

　古参党員の集合的政治文化は、新党員を体制に統合するのではなく、皮肉にも、彼らをそこから離反させる方向に働いたのだった。「消極分子」の大量出現という事態は、都市化、工業化、近代化とい

スタハーノフ運動のポスター　「スターリンの弟子たちよ，スタハーノフ運動の戦線をもっと拡大せよ」とある。スターリンの左下はフルシチョフ。

った新しい社会変動を現場で支える新しい価値観をもつ党員大衆と、寡頭支配集団である古参党員とのあいだにある、こえがたい齟齬《そご》を浮き彫りにした。

この事態の根因は、古参党員集団の寡頭支配そのものにある以上、その支配の正当性を問われかねない大問題だった。ところが、一九三四年初めの第十七回共産党大会で採択された党規約は、古参党員集団の寡頭支配を一層強化し、厳格にするものだったのである。しかも、その大会(「勝利者の大会」と呼ばれた)では、寡頭支配集団である古参党員のあいだに、和解と結束への動きがみられた。ジノーヴィエフら旧反対派指導者の登壇が許され、その後、要職にも就いた(ブハーリンは『イズベスチア』紙編集長に任命)。この動きは、彼らの寡頭支配の強化と一対だった。また、スターリンを党書記長職から解任することを要求していた、いわゆる『レーニンの遺書』を知る党員を結束させる結果にもなり、スターリンの地位は、低下こそしないが相対化されることになった。

なお、大自然に左右される農業に目を向ければ、一九三四年の穀物の収穫は良好だった。十一月には配給制度の廃止が決定され、消費財の生産を高める予定であることが再度確認された。三六年はひどい凶作の年となり、三七年はロシア史上もまれな大豊作となるといったような上下の波があったものの、農業生産(農民の生活ではない)はおおむね良好だった。こうした農業生産に支えられて、第二次五カ年計画の実績は概して順調だった。

「スターリン憲法」

一九三〇年代後半のソ連社会は、激しく変動する国際情勢と、いびつな国内構造とが、複雑に絡み合った不安定な状態に置かれ続けた。

そもそも「十月革命」と内戦の結果出現した国家社会自体が、社会的、経済的、政治的、対外関係的にもいびつなあり方をしていた。そのような全構造的ないびつさは、そのまま いつまでも続けることができず、まず一九二〇年代末に、深刻な国内上の危機となってあらわれた。強行的な工業化や農村社会の再編成など、第一次五カ年計画の実現へと最高指導部を強いたのは、国外からの脅威だけではなく、それ以上に国内的な要因に起因する危機だった。第一次五カ年計画とは、危機が危機を生み出すという状況への、試行錯誤に満ちた対応の累積という性格を帯びていたのである。たしかに三二年〜三三年に迎えた最大の危機を何とか克服したが、いまだ安定した構造はみえてこなかった。

そうしたソ連を取り巻く国際情勢は、一九三三年に入って、ドイツにヒトラー政権が成立するなど、急速に悪化した。その結果、同年十二月十九日、党政治局は国際連盟への加盟を決定をした。従来の西欧と対決する外交から、西欧との積極的な協調を模索する外交へと大転換をおこなったのである。その影響は対外政策だけでなく、内政にも大きな影響をおよぼした。対外政策の転換は、早くも三四年初めに開催された第十七回共産党大会でのスターリンの報告に反映された(一月二十六日)。そこで彼は、資本主義の危機という認識のトーンを落とし、議会制や「ブルジョワ民主主義」への態度を肯定的に変え、「社会ファシズム」論については沈黙を保った。

イギリス、フランスなどからソ連への不信感を払拭し、強い協調関係を一層つくり固めるためには、口先で議会制民主主義の評価を変えるだけでは十分ではなかった。なぜなら、その誕生時からソ連は、イギリスやフランスなどと対決し、その後はそれらの国々の敵意に囲まれたなかで存在し続けてきたからである。ちょうどこの時に、古参党員たちの脳裏に、ロマノフ朝の転覆事件(二月革命)が浮かんだかもしれない。「帝政諸国」と「自由主義、共和政諸国」との対抗構図が鮮明になることで戦争の目的が明確になり、英仏との協調が自然になったからである。いずれにせよ国際環境の変化は、ソ連という国の実態への反省を、最高指導部に強く迫ることになった。

ソ連の国のあり方は、議会制民主主義とはおよそ対照的だった。「プロレタリア独裁」と呼ばれ、上意下達を基本とする古参党員集団の寡頭支配と、憲法に明記された特異な選挙制度を介して選出された最高の権力機関(ソヴィエト大会)とが、分かちがたく組み合わされていた。ソヴィエト大会の代議員の選挙は不平等で(労働者らと農民たちの投票価値の格差は五対一)、特定の階級が人為的に多数になる制度であり、投票行動は人目に晒される公開集会でおこなわれ(秘密投票ではない)、しかも多段階の選挙(直接選挙ではない)だった。つまり多くの制限がもうけられ、権力の側からの監視下でおこなわれる選挙だったのである。

すでに触れたが、一九三四年初めの第十七回党大会は、古参党員集団の寡頭支配を一段と強化したばかりだった。しかしスターリンは、憲法を修正して「平等、直接、秘密」投票という方式の選挙制度へ移行することに、遅くとも三四年三月の段階で秘かに踏み切っており、その移行手続きをエヌキッゼに極秘裡に依頼した。これは寡頭集団の支配そのものの否定に等しい。実際、三四年には両者のあいだに不穏な事件が顔をのぞかせることがあった。一例を挙げよう。

一九三四年初夏、マルクス・エンゲルス・レーニン研究所所長アドラツキーがスターリンにあてて、第一次世界大戦勃発二〇周年の記念として、晩年のエンゲルスの手になる「帝政ロシア外交史」に関する論文を、党中央委員会理論機関誌『ボリシェヴィキ』に掲載するかどうかについて打診してきた。それにたいしてスターリンは、エンゲルスの論文を詳細に検討したのち、エンゲルスを歯に衣着せず批判した覚書を執筆し、それを七月十九日に党政治局員とアドラツキーに送った。その主旨は、エンゲルスの解釈には誤りが多いこと、マルクス主義を不断に創造的に発展させてきたレーニンにこそならうべきであること、エンゲルスの論文は歴史の論文集におさめることは可能だが『ボリシェヴィキ』誌に掲載するには適当ではないこと、などである。

一九三四年七月三十一日付の『ボリシェヴィキ』(第一三・一四合併号)は、「第一次世界大戦開戦二〇周年記念号」として発刊され、そこに、一八八八年一月四日付のヨアン・ナデジデ宛のエンゲルスの書簡が、編集部の注記(ジノーヴィエフ執筆)を付されて掲載された。同誌を読んだスターリンは、八月五日、党政治局員、ならびに同誌編集部に宛て、先の自分の覚書の趣旨を理解していないことへの抗議など、強い口調を含む長文の書簡を送った。スターリンは書簡のなかで、エンゲルスの書いたものを金科玉条とすることは、不吉なことに、メンシェヴィキ・トロツキーの解釈に近いと語った。それればかりか、一国での社会主義の勝利の可能性を明確に否定していたエンゲルスの『共産主義の原理』(一八四六年)をことさら引き合いに出して、編集部を論難した。八月十六日に党政治局は、クノーリンについては編集長の職を解くにとどめたが、ジノーヴィエフについては編集部から追放した。エンゲルスの見解は、古参のボリシェヴィキやメンシェヴィキらの集合的記憶に深く刻み込まれている世界観だったのである。それのみか、二五年五月にスターリンがはじめて唱えた、ソ連の歴史的展望(八九〜九〇頁参照)を全否定していたのである。これほど古参党員集団の運命に、暗雲を投げかける言説はない。

選挙制度の改正(憲法改正でもある)の動きは、一九三四年十一月末から十二月初めにかけて動き出した。このときまでは両人にも改正作業を任されていたが、秘密投票制に反対するエヌキッゼと、それを主張するスターリンとのあいだでは対立がみられた。三五年一月中ごろに、スターリンはエヌキッゼを押し切り、三五年二月、党中央委員会総会でモロトフに、憲法問題について報告させ、自案を採択させた。

そうしたなかで三四年十二月一日にレニングラード市で起ったキーロフの暗殺は、古参党員集団内部の和解と、彼らの寡頭支配の強化という政治的動きを、一挙に無にしかねないほどの衝撃を与えた。

スターリンら指導部は、暗殺の背後にジノーヴィエフら旧反対派がいるものと広く喧伝し、ただちにジノーヴィエフやカーメネフらを逮捕した。古参党員集団のあいだに疑心暗鬼の空気が急速に広まった。その雰囲気をうながすような党員証の点検などが次々と課され、混乱した彼らのあいだの「団体精神」は崩れかけた。

一九三六年八月に、ジノーヴィエフやカーメネフら旧合同反対派の指導者を裁く公開裁判がおこなわれた(第一回モスクワ裁判)。訴因は、キーロフ暗殺や、スターリンらの暗殺未遂などで、ほとんどの被告は死刑判決を受けて直後に処刑された。さらに翌三七年一月、第二回モスクワ裁判でピャタコーフらがドイツや日本の手先としてソ連工業の破壊工作をおこなったなどとして裁かれ、同じ運命を辿った。同年六月の秘密軍事法廷では、トゥハチェフスキーらソ連赤軍の最高指導部がドイツのスパイとして裁かれ、処刑された。三八年、ブハーリンらをレーニンやスターリンの暗殺未遂、ソ連の解体を企てたなどとして裁いた第三回モスクワ裁判がおこなわれ、ほとんどの被告が処刑された。

被告席についた古参中の古参党員のほとんどが、日本やナチズムのスパイなどと自らの「罪」を「自白」した。これによって、古参党員集団の権威は根抵からくつがえされてしまった。こうした事件の処理は、当初、ヤゴーダ内務人民委員に任されていたが、三六年九月からは、彼にかわって内務人民委員に任命されたエジョフに課されて、ヤゴーダ自身も第三回モスクワ裁判ののち、処刑された。

古参党員集団の寡頭支配を大きく動揺させる以上の事件が、「民主主義」を謳う新憲法制定の準備過程と並行して進んだことは、意味深長だった。新ソ連憲法の作成過程は、ソ連社会を「社会主義社会」と是が非でも認定しようとする動向とも並行して進んでいった。すでに一九三四年十一月の党中央委員会総会でスターリンは、商品流通や貨幣経済を、社会主義社会の本質的な要素であると積極的に再評価していた。そして三五年二月に公表された「コルホーズ模範定款」は、農村社会の「社会主義的改造」を画する文書と評価され、のちにスターリンが、ソ連でマルクス主義的な「社会主義社会」を建設し遂げられたと宣言するうえでの、重要な根拠とされた。実際、三六年十一月二十五日から十二月五日に開催された第八回臨時ソ連邦ソヴィエト大会の十一月二十六日の報告でスターリンは、ソ連邦ではすでに社会主義社会が実現されていると宣言し、その社会のいわば上部構造を成文化するものとして新しいソ連憲法案を位置づけた。法案は採択され、発布された(「スターリン憲法」)。この三六年十二月の憲法では、立法と執行は切り離され、「労働者と農民の権利」は「市民の基本的権利・義務」へと改められた。

「大テロル(大粛清)」

ここで注意しておくべきことは、憲法の発布の段階までは、単なることばの上でのことだった点である。新しい選挙法に基づき、新しい権力機関(最高会議)が選出されることで、欧米からの信頼感をより確実にできるのであり、また、コミンテルンの「反ファシズム統一戦線」運動を、より力強く支えることになると見込まれた。その選挙に向けてスターリンは、以下の二段階の措置をとった。

第一の措置として、最高会議議員の選挙運動を指導するのが党組織である以上、その党組織自体が、徹底して民主化されることを求めた。悪名高い一九三七年二〜三月の党中央委員会総会の議題のひとつが、全党組織自体の「民主化」に関することであった事実は、忘れられがちである。古参党員集団の寡頭支配は、「党書記のヒエラルヒー」のかたちをとり、それに関連して各地の党組織の上層部のあいだでは、縁故関係が常態化していた。総会をきっかけに、「党組織の民主化」「党のペレストロイカ」「党役員の民主主義的な選挙」などのかけ声が、全国におよんだ。そのときの抑圧の対象は旧反対派にとどまらず、スターリンに忠実な古参党員にもおよんだ。その結果、レーニンがつくり出した古参党員集団の寡頭支配は完全に解体され、それにかわってスターリン独裁体制が出現した。なお三五年に、革命前の政治犯や流刑者からなる団体も解散された。

第二の措置とは、第一の措置と一部重なるようにおこなわれた。それは、「社会主義社会」に居住するのにふさわしくない投票者＝民衆を排除することだった。スターリンがこの汚れ仕事を託した人物は、やはり内務人民委員エジョフだった。刑期を終えた元クラークや革命前の役人、純然たる刑事犯など、幅広い集団が排除の対象とされた。彼らが秘密投票方式の選挙に参加することは許されなかった。そこで、一九三七年七月二日付の党政治局決定に基づき、同月三十日、不吉な内務人民委員命令第〇〇四四七号が発せられた。この命令によって、国の各行政区ごとに、処刑する者と長期間収監する者の概数が、上からそれぞれ割りあてられた。これが狭義の「大テロル」と呼ばれるものである。のちに一九五六年の第二十回党大会を準備したポスペーロフ委員会の報告書では、一九三七〜三八年に、一五四万八三六六人が逮捕され、六八万一六九二人が銃殺されたとしている。そのほかに、ソ連の国境沿いの少数民族も、大量抑圧や強制的な国内移住、すなわちテロルの対象となった。

大量抑圧は、新しい国家権力機関の選挙が終わっても続いた。それによって体制の指導層のあいだで大規模な世代交替が生じた。このことを明確に反映する数字が、党大会や党協議会の代議員の入党時別の比率である。第十七回共産党大会までの代議員の大多数が、内戦期までの入党者だった。しかし、一九三九年三月の第十八回共産党大会では「レーニン召集」後に入党した代議員が七八・八%となった。空いたポストを、「レーニン召集」以降に入党した集団が埋めていくことになったのである。古参党員集団の寡頭支配が解体したことで、体制全体が若返った。この側面だけをとらえると、テロルは政治体制を「民主化」したとの主張に、根拠がまったくないとはいえない。なお、一九三八年四月八日、エジョフはソ連邦水運人民委員を兼任することになったが、十一月二十四日に内務人民委員を次官のベリヤに譲り、三九年四月に逮捕。そして四〇年二月に銃殺された。

つぎに残された指導部にとっての切実な措置とは、体制を担う党員集団全体のあいだに精神的統一をはかる措置であった。外国のスパイや「第五列」、「二心をいだく者」の狂気じみた探索、公開裁判などは、そうした国民の精神的統一の地均《じなら》しの役割を果たしたのである。すでに一九三〇年代中ごろから「愛国主義」が唱えられ始め、普及していった。これには、歴史認識の領域で「ポクロフスキー学派」への激しい批判キャンペーンがともなった。精神的な統一を実現するための手段とは、スターリンへの没我的な帰依であり、三八年に刊行された『全連邦共産党史・小教程』を習得することなどだった。この書物は、ソ連世界で聖典扱いされた。都市化が速いテンポで進み、大衆のあいだで識字率が急上昇した段階の社会に対応していた手段だったといえるだろう。

大テロルの嵐がほぼ終息していた一九三九年三月、第十八回共産党大会は、古参党員集団の寡頭支配の転覆後のあり方を成文化した党規約を、新たに採択した。入党時の階級上の制限は撤廃された。かつて古参党員の寡頭支配集団が下部党員を統制する手段であり、彼らを体制から疎外してきた手続きである「大量粛清」も廃止された。また、党職に就く際の党歴上の要件も大幅に緩和された。こうして、共産党を当時のソ連の実社会に開かれたものにし、大テロルが第一次五カ年計画期に出現した新たな社会を、安定させることに寄与した側面があったことは否定できない。しかしながら、モロトフが晩年に主張したような、その後の独ソ戦の勝利は大テロルが効を奏した結果だったとの主張は、血まみれの行動に手を染めたことにたいする短絡的な自己弁護だろう。

一九三〇年代のソ連外交

一九三三年にヒトラー政権が成立する以前に、ソ連外交で重視されていたのが、中国大陸や極東の情勢であった。もっとも重大視された事件が、三一年九月に勃発した満洲事変である。日本の動きは、不安定なヨーロッパ情勢との関連で、ソ連指導部を強く神経質にした。しかしソ連は、日本の大陸侵略の動きに融和的な態度をとった。たとえば、ソ連は日本に不可侵条約を提案し、満洲国の建国の際に接触して事実上承認さえした(三二年三月)。三三年五月には、東清鉄道を満洲国へ売却することすらも提案した。その一方で、三二年十二月、中国国民党政府と国交を回復したのである。

一九三三年三月のヒトラー政権の成立は、ソ連外交の転機となり、ソ連にとってヨーロッパ情勢のもつ重大性が高まっていった。三三年八月、独ソ秘密軍事協力が打ち切られ、独ソ関係は冷却の一途を辿った。日本とドイツに東西から挟まれたこの時期にソ連指導部を悩ませたのが、ポーランドの動向だった。ポーランドがイギリス、フランス側につくか、ドイツと結ぶか、どちらにせよソ連にとって敵対的な行動をとる可能性があった。そうした不確定要因によってソ連は、その後の確たる方針を決めかねていた。

一九三三年十一月、ソ連はアメリカによって承認された。直後の十二月十九日、党政治局は、国際連盟への加盟という外交上の大転換を現実におこなった。そして三四年九月、国際連盟への加入が許されたことはすでにふれた。こうした西欧列強との関係改善への転換に応じて、すでにモスクワの外交機関の一部になっていたコミンテルンも路線の転換をはかり、議会制民主主義の擁護路線に同調する要請に迫られた。三四年九月四日の党政治局は、コミンテルン第七回大会の召集を三五年三月まで延期する決定を下し、翌日のコミンテルン執行委員会幹部会は、その決定を追認した。十月二十五日にスターリンは、ディミトロフ宛の書簡で、執行委員会の機関の活動方法の再点検に同意した。

これもすでにふれたが、一九三五年七～八月、モスクワで開催された第七回コミンテルン大会では、ブルジョワ民主主義への評価を改め、それとの共闘を認める「反ファシズム人民戦線」戦術が採用された。三六年六月にはフランスで、レオン・ブルムを首班とする人民戦線内閣が成立した。しかしながら、イギリス、フランス両国との関係は、ソ連側が想定したほど親密なものにはならなかった。

東方における日本の侵略が拡大する一方、西方においてはナチス・ドイツが強大化し、とくに一九三六年十一月に日独防共協定が調印されて以降、ソ連の指導者のあいだで、東と西から挟撃される恐怖感が高まった。また、スペインに成立した人民戦線政権と、それに反対する勢力とのあいだの内戦が三六年七月に勃発すると、ヒトラー政権とムッソリーニ政権は、イデオロギー上、反人民戦線政府の側に立ち、内戦に深く干渉した。イギリスやフランスなどは、スペインの事態に不干渉政策を採用した。そうした態度をとり続けるイギリス、フランスへの不信感を一層強めたソ連は、スペインの人民戦線政府を支持し、自ら大々的に人的・物的な支援をおこなった。しかしソ連の支援も空しく、スペインの人民戦線政府の軍は敗退し、三九年二月、フランコ軍事独裁体制が成立した。

一九三八年三月になってナチス・ドイツは、オーストリア併合という暴挙に出た。それにもかかわらずイギリスは、ナチス・ドイツへの宥和政策をやめなかった。そうしたイギリス、フランスの指導者の振る舞いは、ソ連にたいする根深い不信感と一対をなしていたのである。両国の対ソ不信の背景には、一九一七年の「十月革命」時から続く相互不信以外に、多数の上級軍人へのテロルがもたらしたソ連の戦闘能力の低下への懸念もあった。三九年三月、ドイツ軍はミュンヘン協定を破り、チェコスロヴァキアを征服した。それまでの対独を軸とした集団安全保障外交の推進者であったユダヤ人のリトヴィノフ外相は、五月三日に解任され、スターリンの最側近のモロトフにかわった。

五月二十日のモロトフの合図を受けたドイツ外相は、八月二日に、バルト諸国にたいするソ連の利害を尊重すると発言した。このことは、それまでのあいだ、下僚レヴェルでなされていた譲歩を、政府レヴェルで公に確認したことを意味するものだった。一向に進展しない対英交渉に見切りをつけたソ連指導部は、ドイツとの交渉を一歩前に進め、十五日、両国は本格的な交渉に入った。二十三日、勢力範囲を定めた秘密議定書が付された独ソ不可侵条約が締結された。秘密議定書では、ドイツとソ連でポーランドを分割すること、ソ連へのバルト三国の併合を承認することが規定されていた。なお、この議定書の存在を、一九八九年末にゴルバチョフ政権がようやく認めた。この条約の締結によってドイツ軍の矛先《ほこさき》は、西方に転換した。しかしながら、この条約の締結の代償はきわめて高くつき、国際社会におけるソ連世界のイメージを著しく傷つけることになった。

中国大陸の日本軍は、当時、毛沢東率いるゲリラ勢力と、国民党政府軍の双方を相手にしていた。戦闘は膠着《こうちゃく》状態に陥った。日本軍が自由に身動きできないでいる状態は、ソ連の極東方面での安全保障の面では好都合であった。一九三六年十二月、張学良が蔣介石を軟禁し、日本軍との闘いに大同団結を迫る事件が起こった(西安事件)。さらには、周恩来の仲介もあって、第二次国共合作に漕ぎつけた。三七年七月に日中戦争が勃発すると、翌八月には中ソ不可侵条約が締結されることになった。こうして政府と党の双方のレヴェルで、それぞれ中国と協力する構図が生まれた。これを大きくみれば、ヨーロッパでは失敗した「人民戦線戦術」が実現した事例であり、ソ連の対外政策の成功例としての意味を持った。

それにたいして「満洲国」との国境沿いでは紛争が絶えず、ついに一九三八年七月二十九日、武力衝突が起こった(張鼓峰事件＝ハサン湖事件)。続く三九年五月四日の、モンゴル人民共和国の部隊と満洲国軍のあいだの交戦を発端とするハルハ河畔での紛争は、日ソ両国の軍隊の本格的な対決となった(ノモンハン事件)。このときモスクワは、ドイツと不可侵条約をめぐる交渉の最終段階にあったため、日本軍に弱みをみせられなかった。六月一日、ジューコフ指揮下の大部隊を戦闘地域に派遣し、八月二十日、多大な犠牲を払ったうえで、戦闘をモンゴル・ソ連側の勝利に終わらせた。日本の関東軍第二十三師団は健闘したとはいえ、壊滅的な打撃をこうむり、ソ連軍強しの印象が広まった。

4 「大祖国戦争」

「奇妙な平和」のなかで——独ソ開戦前夜のソ連

一九三九年九月一日にドイツ軍がポーランド領に侵攻して以降、ソ連は独自の論理で自らの世界づくりに着手した。九月二十八日にソ連・ドイツ両国は、秘密議定書の一部を変更し、両国間の国境を明確にする条約(独ソ境界友好条約)と秘密議定書とをモスクワで締結したうえで、ポーランド分割を再調整した。さらにソ連は、バルト三国、フィンランド、ベッサラビアを自分の勢力圏に含める動きに出た。スターリンは、フィンランドに、レニングラードの安全を確保するという名目で双方の領土の交換をもちかけたが、満足する回答を得られず、一方的にフィンランドに戦争をしかけた(「冬戦争」、三九年十二月~四〇年三月)。ソ連の行動にたいして、兵力では圧倒的におとるフィンランドはねばり強く抵抗を続け、ソ連は目的を達したものの、想定外の損害を出した。また、この強引な行動によってソ連は、国際連盟から追放された(三九年十二月十四日)。さらに赤軍は、四〇年六月末、ルーマニアからベッサラビアと北ブコヴィナを奪い取った。六月にはリトアニア、ラトヴィア、エストニアの三国にも赤軍は軍事侵攻し、八月にソ連邦に併合した。さらに三九年九月十七日、ソ連はソ連・ポーランド不可侵条約を一方的に破棄し、ドイツとの秘密協定に基づいてポーランド領へと兵を進めて、支配下に置いた。その結果、ソ連は領土を、旧ロシア帝国の版図まで拡大し、あたかも旧ロシア帝国が復活したかにみえた。

四〇年三月五日の党政治局は、捕虜にした二万人以上のポーランド人の将校や警察官などの処刑を決定し、それはただちに遂行された。遺体はスモーレンスク市西方のグニョズドヴォ近郊の森に埋められた。独ソ戦の開戦後、同地を占領したドイツ軍が発見し、語調から、現場より西方にある村の名のカチンを付して四三年に全世界に公表した。ドイツ軍との戦いを最優先したアメリカ、イギリスなど連合国は特に問題視しなかったか、あるいは沈黙を保った。ソ連は事件の調査を求めるポーランドのロンドン亡命政権と断交した。それ以来、一九九〇年にゴルバチョフ大統領が正式に認めるまで、その事実はひたすら否定され続けてきた。

ソ連・ドイツ両国の対立が強まった背景には、バルカン諸国について勢力圏をたがいに決めていなかったという事情があった。一九四〇年夏、ドイツがルーマニアを自己の勢力圏とするように行動すると、ソ連側は強い不快感を表明して、独ソ間で対立が始まった。十一月にベルリンでおこなわれたモロトフとヒトラーの会談は、対立点を一層明確にしただけだった。その直後にヒトラーは対ソ戦の決意を固めた。ソ連はヨーロッパと極東で同時に戦争を始めることを回避するために、四一年四月十三日、日ソ中立条約を締結した。

ソ連指導部は、この「奇妙な平和」の期間にも、たゆまず戦争の準備を進めていた。一九三九年九月、一般兵役法を採択し、兵役義務を二一歳から一九歳に引き下げた。兵員数は三九年一月一日現在一九四万人であったが、四一年一月一日には、四二〇万七千人へと増員された。戦略物資の備蓄も、三九年から押し進められていた。

しかしながら、大テロルが豊かな専門的な経験と知識をもつ軍指導層を一掃したことは、戦争準備のあらゆる分野に、明らかに否定的な影響を与えたのだった。情報収集のルートの機能も低下した。ヒトラーの戦争準備について、有能な情報機関員ゾルゲがもたらす貴重な情報も、最高指導部の意思決定に影響を与えなかった。一九四一年六月十四日になっても、タス通信の声明は、ドイツ側の戦争準備には根拠がないものと、断定していたほどだったのである。

この時期、ソ連社会の経済的効率はさして改善せず、そのために、労働規律は一層厳格になった。その背景のひとつには、テロルが経済活動の現場にも混乱を引き起こしたからだった。「共産主義」をめざすと謳われた「第三次五カ年計画」の実現可能性や、多大の犠牲を強いてきたスターリンの独裁体制それ自体の正統性が、根本から問われかねなかったのである。フィンランドとの戦争でも苦戦を強いられて不安にかられた指導部は、一九四一年二月に第十八回共産党協議会を召集し、経済関係について詳細な意見交換を重ね、エリートのあいだでコンセンサスを新たにした。

ちなみに、一九三八年に始まった「第三次五カ年計画」は、「共産主義社会」の実現をめざすとされたが、四一年六月のドイツの侵攻によって中断された。

開戦と戦争指導の再編

一九四一年六月二十二日は日曜日だった。その日のモスクワ時間で午前三時十五分、バルバロッサ作戦計画が実行に移され、ソ連・ドイツの境界方面に集結した総数五五〇万人のドイツ同盟軍が、⑴レニングラード、⑵モスクワ、⑶ウクライナ・カフカース、の三方面に分かれてソ連領内に侵攻した。ドイツ軍機は、ソ連国境から奥深くまで飛来して爆撃を加えた。多くのソ連の飛行機は、離陸準備に入る前に破壊された。離陸したあとに撃墜された機体を含め、のべ一八〇〇機以上が破壊された。これは、この時期のソ連が保有する飛行機の二割に達した。鉄道網も通信網も早い段階で寸断され、モスクワの指導部は開戦から数日経っても、前線の状況を把握できなかった。西部特別軍管区の司令部が置かれたミンスク市は、不意をつかれて一週間も経たずしてドイツ軍の手に落ちた。北部のリガ市も七月一日に陥落した。そのなかでブレスト要塞は、周辺の味方の軍が壊滅して孤立しながらも、七月後半まで頑強に抵抗し続け、ドイツ軍側にも多大な損害を与えた。一方、南西部と南部は、バルト海沿岸や西部両軍管区よりも空襲の被害が相対的に軽微で、ドイツ軍にもかなりの損害を与えた。それでも全体としてみれば赤軍の劣勢は一目瞭然で、退却はとどまりようもなく続いた。

戦争指導の中枢においても、戦闘の現場に劣らず混乱していた。スターリンは二十二日朝四時、ジューコフ参謀総長からの電話で起こされ、ドイツ軍の攻撃を知らされた。それから三十分後に始まったクレムリンでの会議では、攻撃の事実を信じられないという様子で、彼は事態の真偽を確かめるためにドイツ大使館と連絡を取るよう指示したほどだった。想定外の事態に直面したスターリンは、自ら率先して事態に対処できなかった。自ら開戦の事実を国民に知らせることにも躊躇《ちゅうちょ》し、その任をモロトフに委ねた。モロトフは十二時に、開戦の事実を知らせるラジオ演説をおこなった。

開戦から八日も経つと前線の破局的な状態が明確になった。事態にうながされて最高指導部は、混乱した指導体制の調整と再建にようやく着手し始めた。六月三十日、モロトフら最側近の提案を受けたスターリンは、モロトフ、ヴォロシーロフ、マレンコフ、ベリヤを加えた国家防衛委員会を設置し、自らその長に就いた。この国家防衛委員会は、戦時中、国事全般の最高決定機関として機能し続けた。その決定は適宜、国家機関と党機関によって遂行された。

七月三日にスターリンは、開戦後はじめて国民に向けてラジオを通じて語りかけた。そこで彼は、「同志諸君、市民のみなさん、兄弟姉妹たちよ、わが陸海軍の戦士たちよ、私は諸君に訴える、わが友よ」と、それまで一度も使わなかった呼びかけ方をした。そしてスターリンは、この演説で、始まった戦争を対ナポレオン戦に用いられた祖国戦争のひそみにならって大祖国戦争と呼んだ。

開戦直後の六月二十三日に発足した総司令部大本営は、当時の長官が権威不足の国防人民委員チモシェンコだったために当初から機能を十分果たさず、そこで七月十日、スターリンを長とする最高司令部大本営へと改組され、ここに名実ともにスターリンが主導する司令部としてととのえられた。さらに七月十九日、スターリン自ら国防人民委員を兼任した。そして八月八日、最高司令部が最高総司令部に改称され、スターリンがソ連邦全軍最高総司令官の職におさまった。

なお、七月十六日に、それまでの陸海軍の将兵にたいする政治統制のための機関が政治部に改組された。部隊には軍事コミッサール、小隊には政治担当官の各職務が設置された。彼らの任務は、軍人

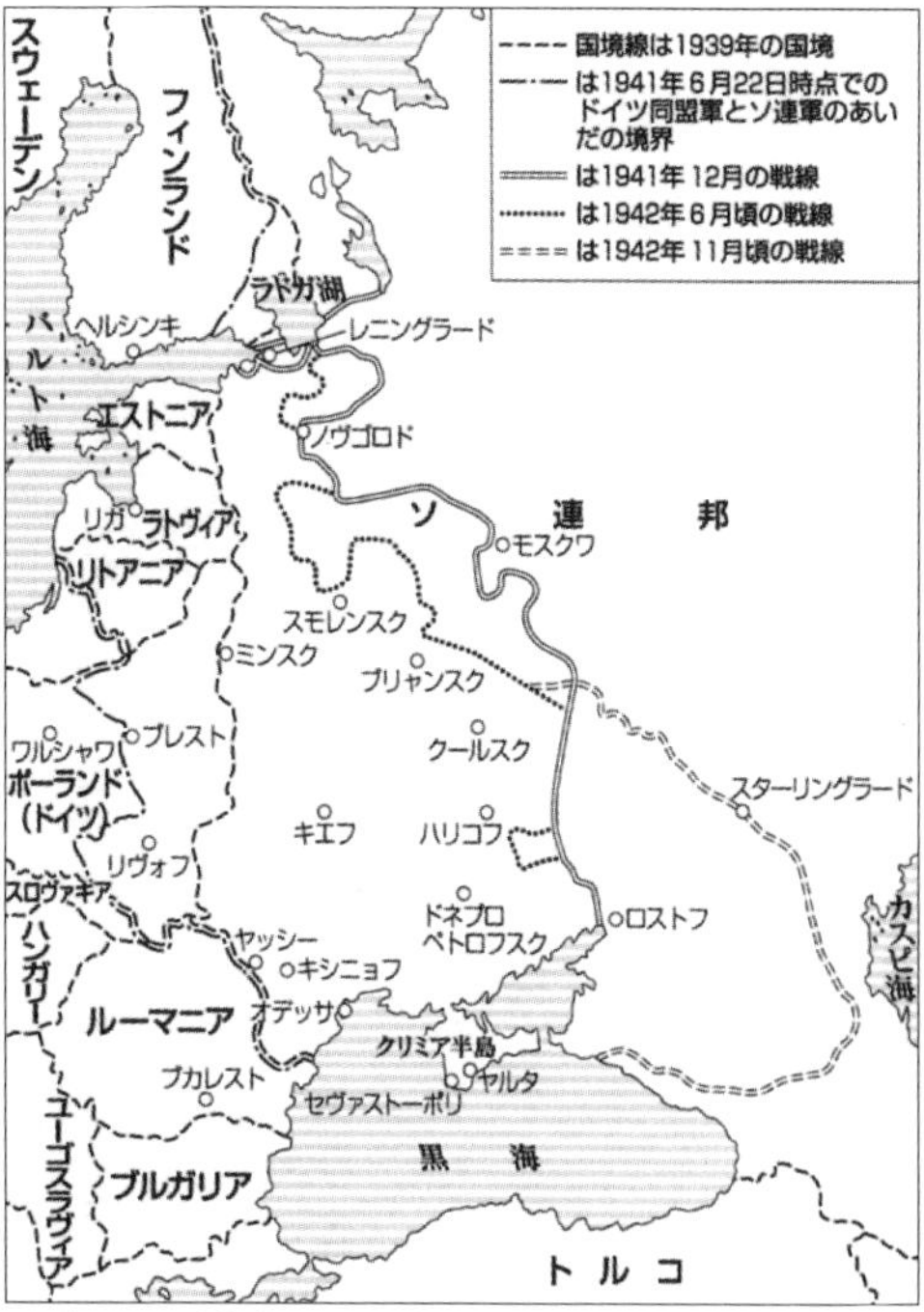

ソヴィエト連邦（1939～42年）

が中央の指令を厳格に遂行しているのかを監督することだった。

赤軍の退却は止まず、九月八日に、レニングラード全市が包囲された。同市は四四年一月下旬に解放されるまで厳しい饑餓《きが》の下でもちこたえた(このときのレニングラード党書記はジダーノフ)。それにたいしてキエフ市が九月十七日に陥落する際に、撤退の時機を逸した赤軍は、四〇万〜五〇万人の捕虜を出した。十月五日になって国家防衛委員会は、ついにモスクワ防衛について特別の決定をおこない、主要な抵抗線をモジャイスク防衛線と定めた。モジャイスク防衛線には、極東や中央アジアからの部隊も含めて可能な限りの兵力が集められた。同日夕刻、スターリンはレニングラード戦線を指揮していたジューコフに、急遽モスクワに戻るよう命じた。

ソ連のメディアは、十月初めまで危機を報道してこなかった。そうしたなかで国家防衛委員会の決定に基づき、同月八〜九日に首都モスクワで、撤退の際に爆破する建物や施設のリストアップが秘かに進められた。そしてついに十五日、国家防衛委員会は首都撤退を決定し、モスクワにとどまっている外国使節もクイブイシェフ市(現サマーラ市)に撤退させた。ベリヤとシチェルバコフには、ドイツ軍がモスクワ市に迫ったときに市内の諸施設を爆破するよう命じた。かかる極秘の動きも、ただちに市中に伝わり、十六日にモスクワはパニックに陥って、役人や市民の脱出が始まった。スターリンも撤退を考えたが残留した。

十一月初頭が転機となった。寒気がおとずれ、冬の備えのなかったドイツ軍側に不利に働いて戦闘も小康状態となった。そこで十一月六日、地下鉄のマヤコフスカヤ駅で二十四回目の革命記念日が祝われ、七日には赤の広場で軍隊のパレードが挙行された。スターリンはその日の演説で、「偉大なるロシア民族」を称え、アレクサンドル・ネフスキー、スヴォーロフ、クトゥーゾフら、おもに帝政時代の軍人の名前を挙げて、伝統に依拠した愛国主義を鼓舞した。この「十月革命」を祝福する日にロシアの伝統がもち出されたことは、スターリンとソ連国民がいまだ経験したことのない事態にあったことの反映であり、スターリンら指導部の柔軟性のあらわれともいえる。十二月五日には反転攻勢のスターリン命令が出され、四二年一月までに一〇〇キロメートルから二五〇キロメートルもドイツ軍を押し戻し、最初の反転攻勢は大成功だった。

戦時下の国民生活

国民を疎開させる計画の立案は、開戦後になって着手されたために混乱をきわめた。そもそも戦地の要求に応えなければならない鉄道が、それとは逆方向の疎開という業務にも応えるのは至難の業だった。七月になると、線路上は立往生する貨車で埋め尽くされ、身動きのとれない状態になった。七月三日にスターリンは、カガノヴィチを運輸人民委員から解任し、全ソ連邦労働組合評議会議長シヴェルニクを後任に任命した。その結果、鉄道業務は七月半ばから滞りなく稼動し始めた。

軍需工場に動員された女性たち　軍需工業で女性は決定的な役割を果たした。

開戦後のわずか六カ月間で、石炭、銑鉄、アルミニウムの生産では全国の六〇％、穀物生産では三八％に達する地域を失った。工業生産の落ち込みも激しかった。労働力不足のために、女性や子どもも動員され、愛国心の高揚のための努力も積み重ねられた。また、労働規律の違反には、厳罰が定められた。そのような状況下でも、圧倒的多数の国民は献身的に働き続けた。その結果、一九四二年三月から生産はしだいに上向き始めた。とくに軍需産業はすみやかに再建された。四二年には前年の六〇％増の二万五四三六機の飛行機が生産された。戦車の生産台数にいたっては、前年の三・七倍にも達した。このように、当時のソ連社会が、軍需生産を復興したばかりか、飛躍的に増産することさえできたという事実は、二〇年代末～三〇年代前半に莫大な人的・物的・道徳的犠牲と引き換えにスターリンが推進した、いわゆる「総路線」を、あたかも全面的に正当化しているかのようであった。

その一方、農業生産は、労働力不足のために深刻な問題に直面していた。成人男子が徴兵されたうえに、トラクターや馬も前線に向けて徴用されたからである。その結果、穀物生産は急落し、一九四三年に底を打った。しかし、農民の労働意欲をかき立てるためのさまざまな施策も講じられたことが効を奏して、戦争の末期に穀物の播種面積も拡大し、その生産も増加の傾向をみせていた。

一九四一年七月十八日に、モスクワ、レニングラードなどで、パン、肉、バター、砂糖などの配給制が導入され、十一月までにほとんどの都市に配給制が導入された。配給カードは、月初めに、商業人民委員部から配布された。配給される物資は、戦争に関わる程度に応じて優先順位がつけられた。このことが、国民とスターリンとのあいだに溝を生み出し、国民が自分の運命を自ら考え始めるひとつの要因となった。耐乏生活のなかでの国民の気分や、国民の指導部への態度は、その時々の戦局によって大きく変わった。しかしながら、当面はスターリンなくして難局を乗り切るのが難しいことも、一方で感じ続けていた。

戦意を高揚させるために多数の芸術家や作家が動員され、歌手も、詩人も、映画人も、動員された。彼らの作品は、表面上は権力のプロパガンダに沿ったものだったが、権力やスターリンの呪縛から自立した精神によって表現されているものもあったことを見逃してはならない。

「大連合」の一員として

独ソ戦の勃発は、ソ連にとっての極東情勢の重大性を、改めてクローズアップさせた。中立条約が締結されていたとはいえ、日本との関係は不安定だった。一九四一年七月、日本は関東軍特殊演習

(いわゆる関特演)をおこない、一時は約七〇万人の兵を満洲国に集結させた。これはソ連を背後から強く脅かし、実際、日本軍部には、対ソ戦に踏み切ろうとする動きもあった。しかし、中国大陸で激しさを増す日中戦争は、日ソ関係を、それ以上緊迫させる余裕を与えなかった。蔣介石が日本にたいして強く抵抗する態度をとり、アメリカも日本にたいして強硬な態度で臨んだ結果、日本は兵を北方ではなく、石油などの天然資源の豊かな東南アジア方面に向け、アメリカとの交戦に備えて本格的に準備を始めた。そのために日ソ両国の緊張は緩和し、かえって従来の外交関係を維持する方針が強まった。

一九四一年十二月八日、日本政府が対米宣戦布告を発したのに続いて、独伊両国も対米宣戦布告を発した。それによって戦争の対立構図は、「連合国」対「枢軸国」と明確になったかのようであった。しかし、ソ連とアメリカ、イギリスとの「大連合」には、独ソ不可侵条約の締結後にソ連が獲得した領土の取り扱い(西部国境問題)や、第二戦線結成の問題など、ほかに解決すべき多くの難問が待ち構えていた。また、武器貸与法(レンドリース法)によって、アメリカからソ連へ豊富な援助物資の提供が約束されたことは、赤軍にとってきわめて重要であったが、ひとまずソ連の赤軍は、独力でドイツ軍の進撃をくい止めるほかなかった。

ドイツ同盟軍は、一九四二年四月初頭の段階までは、それまで進軍したモスクワ方面での位置を維持していた。その一方で、南部地方の豊かな戦略物資の奪取を狙ってヴォロネジ地区とドン川西部に侵攻を続け、春から夏にかけて、ソ連領内奥深くまで侵攻した。赤軍は五月から反転攻撃を試みたが、準備不足を解消できないまま大失敗した。南部の情勢の展開はドイツ側に有利に進み、赤軍は四二年夏にスターリングラードまで撤退し、ドイツ軍は七月十七日から同市への攻撃を開始した。さらにはバクーの石油の奪取にとどまらず、イランから赤軍側に送られる石油の供給路を断つべく、カフカース方面へ進撃し、七月から八月にかけて北カフカースも占領した。

スターリングラードを失うと、「南部」からの石油や穀物の入手が断たれる恐れがあり、必死の挽回策がとられた。六月に軍内の政治活動が全面的に再検討され、政治総局長官は五十三歳のメフリスから四十歳台初めの党中央委員会書記シチェルバコフにかわった。軍指揮官の士気を高める策も講じられた。たとえば一九四二年七月、帝政期の名将ミハイル・クトゥーゾフやアレクサンドル・スヴォーロフにあやかった勲章が制定された。制度上特筆すべきは、同年十月に軍事コミッサールを廃止して軍指揮官の地位を高めたことである。一定の自立性も保障してやり、そうした措置をとることで、軍独自の一元的な指揮系統を復活させた。

一九四二年八月に入ってからスターリングラード市の攻防が激化した。ドイツ連合軍は九月十三日に同市を強襲し、十六日から市の中央部で激戦が展開した。二ヵ月も続いた市街戦ののちに、十一月十九日から赤軍が反転攻勢に転じた。そしてジューコフの直接的な指令のもと、敵側最強のドイツ第六軍を包囲して壊滅させることに成功した。赤軍は四三年二月初めまでに、ドイツ同盟軍に死傷者・

捕虜あわせて七三万人近い損失を与え、いわゆる「スターリングラードの戦い」の戦闘は終わった。ただ、これで戦局がただちに逆転したわけではなかった。

ソ独戦の決定的な転換点となったのは、一九四三年七月、クルスク市へのドイツ軍の攻撃から始まったクルスク会戦である。これは第二次世界大戦でも最大の戦車戦であり、赤軍の戦車の優位を示した戦闘でもあった。八月半ばまでに、赤軍はドイツ同盟軍を圧倒するにいたった。以降、ドイツ同盟軍は戦略的イニシアティブをとれず、退却に向かうことになった。

クルスク会戦に勝利したときから、ソ連は、戦後世界をかたちづくる主役の一人として立ちあらわれて、戦後世界の具体的なあり方の協議にも正式に加わった。そしてこの時期には、「大連合」の最高度の協調がみられた。まず、四三年十月半ばから十一月末にかけて、モスクワで米英ソ三国外相会議が開催され、ついでテヘランで、最初の連合国首脳会議が開催された。そこでは第二戦線結成の問題などの決着がみられ、スターリンは対日参戦についての言質《げんち》を与えた。

ソ連赤軍の東欧支配と「大連合」の解消へ

一九四三年初頭から始まったソ連赤軍のドイツ軍にたいする反撃と、スターリンの国際舞台への登場は、彼の国内での声望を高め、「天才的戦略家スターリン」などと呼ばれたりした。それとともにスターリンは、一般国民との精神的なつながりを強めることにも意を配った。そうした彼の思惑は、たとえば息子ヤコフがドイツ軍の捕虜になっても捕虜交換などの特別な対応をとらなかったことなどにあらわれている。また具体的な政策としては、第一に、教会との和解をはかったことである。それまでの反宗教活動を開戦後には止め、四三年九月にモスクワ、レニングラード、キエフの府主教をクレムリンに迎えて教会への全面的支援を約した。また、総主教選出のための司教職会議の開催、正教会の雑誌発行などを認めた。第二に、ロシア・ナショナリズムを利用するため、四三年五月にコミンテルンを解散した翌年、それまでの国歌だった「インターナショナル」を共産党の歌と位置づけたうえで、それとは別に新たな国歌をつくったことである。その後、四五年五月の戦勝記念日の演説でスターリンは、ロシア民族をソ連の諸民族の指導的な民族であると語った。なお、このときの国歌は、歌詞を変えて現在のロシア連邦の国歌として歌われている。

ドイツ軍の占領下にあった地へと進撃するなかで赤軍は、ドイツ軍など占領軍に少しでも「好意」を示した者を、個人か集団かを問わず「協力者」(コラボレーター)として扱い、厳しい態度で処遇した。一九四三年十一月~四四年三月、カラチャイ人、チェチェン人、イングーシ人、カルムイク人など、のべ六五万人が強制的に移住させられた。四四年五月には、クリミアのタタール人三〇万人が追放されて、カザフスタンやウズベキスタンへ強制移住させられた。移住の過程で一〇万人以上の死者が出た。また、バルト諸国やウクライナには、赤軍に反発心をいだく、組織立った対抗勢力が存在していた。彼らのゲリラ活動にソ連側は手を焼き、その弾圧に八年を要したほどである。ドイツ軍への多数の積極的な協力者や、ウクライナ民族主義者を出した西ウクライナでは、ステパン・バンデーラを指導者とする、ソ連の支配へ抵抗する運動が戦後も長らく続いた。

ドイツ側についていたルーマニアとフィンランドは、一九四四年八月に入るとあいついで対ソ連戦線から離脱した。九月にソ連はブルガリアに宣戦布告し、九月半ばに首都ソフィアを占領した。このような戦局から、ソ連の影響力が東欧地域で決定的なものとなるのを予感したチャーチルは、バルカンやイタリアまでもが共産党の支配下に置かれかねない事態に、危惧の念を強くした。彼はスターリンと勢力範囲を取り決めるために、いち早く四四年十月にモスクワを訪問した。二人はルーマニア、ギリシア、ユーゴスラヴィア、ハンガリー、ブルガリアでの両国の影響力の程度について、一定の取り決めをした。しかしこの取り決めは、戦勝国による勢力圏の再分割を望まないローズヴェルトを不快にさせただけだった。

米英ソ三国の首脳は意見の違いを調整するために、一九四五年二月四日から、黒海を望むロシアの保養地、クリミア半島のヤルタで会談した。三首脳が会ったのは、帝政時代の皇帝の離宮リヴァジヤ宮であった。主要な論点の一つである降伏後のドイツについては、とりあえずフランスを加えた四カ国で、各国の占領区域について合意した。そのほかに、創設予定の国連での安全保障理事会の国に拒否権を与えること、ポーランド国境を確定することにも、合意がなされた(四五年夏のポツダム会談で、ポーランドの東西両国境は、ともに大きく西に移された)。しかし、中東欧の問題は、未確定で曖昧なままだった。

なお、極東問題でスターリンは、モンゴル人民共和国の現状維持、中国におけるソ連の権益の維持、南樺太の返還、クリル諸島の引き渡しなどを要求し、それを条件として、ヨーロッパ戦争の終結から二、三カ月以内に対日参戦に踏み切ることにも同意した。

一九四五年四月十六日に、ジューコフとコーネフが率いる赤軍がベルリン攻撃作戦を開始し、ドイ

ベルリンの陥落　第二次世界大戦の，おそらくもっとも有名な写真。ソ連軍兵士が，陥落直後のベルリンの国会議事堂でソ連国旗を掲げる。

ツ軍は壊滅した。ヒトラーは自殺し、ドイツは無条件降伏してヨーロッパ大戦は終わった。だがこれは、「大連合」の結成へと導いた最大の要因が消滅したことでもあり、戦後国際秩序の形成に向けた大きな転機となったのである。七月十七日、ポツダムで米英ソ三国首脳会談が開催されたが、このときまでにトルーマンとチャーチルは、ソ連による東欧諸国の排他的な支配への懸念を強めていった。ドイツ問題でもなかなか一致点を見出せず、三国の同盟関係は形骸化しようとしていた。また、ソ連が強い関心をもっていた対日参戦問題は、もはや会議で議論されることはなかった。しかも会議の開幕直前の十六日に原爆の実験を成功させていたアメリカは、日本も含む極東情勢にソ連が関与するのを、限定しようとする意向を強くみせ始めた。アメリカ、イギリス、中国による対日共同宣言（ポツダム宣言）の内容をソ連側が知ったのは、日本に発せられたあとだった。そのことは、三国の関係の変化を早い段階で象徴するできごとのひとつだった。そして、のちの広島、長崎への原爆の投下は、単に日本に降伏を迫るためのダメ押しではなく、ソ連にたいする牽制の意味もあったことは否定できない。

広島への原爆投下を知るや、即座にソ連は、ヤルタ協定に基づく行動として、日ソ中立条約の規定にとらわれることなく八月八日に対日宣戦を布告し、翌日参戦した。対日戦の最終段階でも極東での米ソの確執はあらわれた。アメリカは日本を自分たちだけで占領することを考えていたが、十六日、スターリンはトルーマンに書簡を送り、クリル諸島（千島列島）や北海道の北部の占領をも認めるよう求めた。しかしアメリカ側は、ソ連の北海道占領の申し出を峻拒した。ソ連はアメリカが、クリル諸島を自らの占領地域に含めることを認めたことで満足した。歯舞《はぼまい》群島の占領は、ようやく九月五日に終わった。なお対日戦勝記念日は九月三日である。

5 戦後のソ連

ソ連圏の成立と冷戦の始まり

ソ米英が対立して「大連合」が解消する兆しは、すでに大戦中の他国への行動にもあらわれていた。たとえば、イランやトルコから、ソ連の影響を排除しようとする動きがそうである。だがとりわけ深刻となったのが、ドイツや東欧地域における戦後の秩序問題、とくにポーランド問題をめぐる対立だった。ソ連にとっては、「友好」的な国家の建設が保証されるか否かは、自国の安全保障上、死活に関わる問題と映ったからである。

一九四六年三月に前イギリス首相チャーチルが「鉄のカーテン」の演説をおこなったのは、東西対立のもっとも早い段階でのことだった。四七年三月にトルーマン・ドクトリンが公表され、米国がギリシア、トルコへ援助する決意が表明された。だがソ連は、ギリシアとトルコを、すでに勢力圏外にあるとみなしていたため、トルーマン・ドクトリンが米ソ間を決定的に悪化させるきっかけとはならなかった。

戦後欧州世界のあり方の決定的な転換点となったのは、一九四七年六月に発表された、マーシャル・プランというヨーロッパ全体の経済復興計画の発表だったのである。プランへの参画には、ソ連の勢力圏内諸国も認められていたため、それらの国々のあいだに加入をめぐって足並の乱れがみられた(マーシャルも、そうした事態を予想していなかったわけではない)。そこでソ連側は、勢力圏内部を固めるために、四七年九月、ポーランドのシクラルスカ・ポレンバでコミンフォルム(共産党・労働者党情報局)の創立大会を開催した。ソ連勢力圏内の諸国で、あいついで共産党系の政府が成立し、いわゆる「東欧圏」の同質化が進んだ。そうしたなかで、米英仏ソによって分割管理されていたドイツが、東西二国家へと分裂することが決定的となった。不満に思ったソ連によって四八年春にベルリン封鎖がなされ、東西の対立は一層進んだ(封鎖は四九年に解除された)。

「東欧圏」の成立そのものは、一直線に進んだわけではなかった。ソ連と中東欧諸国とのあいだに緊張や対立をともないながらも進んでいった。たとえば、ユーゴスラヴィアとブルガリアが、モスクワと事前に協議することなく独自に対外政策を進めていた。そうした動きに不満をいだくモスクワの指示に、ブルガリアのディミトロフは従ったものの、独力で解放を勝ち取ったユーゴスラヴィア指導部は、独自の姿勢を堅持した。そのため、一九四九年六月、コミンフォルムはユーゴスラヴィア共産党を除名し、そのうえ、同党指導部の交替を求めるにいたった。そして翌年には全面的な敵対的な関係へと進んだ。かかるユーゴスラヴィアの動きは、ほかの中東欧諸国の政情にただちにはね返り、ソ連は「東欧圏」の統制を強めた。各地で共産党の指導者の逮捕、拷問、裁判、処刑があいついだ。

おもにヨーロッパ世界全体の東西分裂と対立、そして相互に戦争に備えて対立し合う「陣営化」を最終的に確定的なものにする意味をもったのが、一九四九年九月に確認された、ソ連による原爆保有の事実であり、五三年八月に報じられた、ソ連の水爆実験の成功だった。

極東でのソ連の行動は、当初、ヨーロッパでの強気の態度とは異なっていた。日本の降伏直前の一九四五年八月十四日、中国の国民党政権とのあいだで中ソ友好同盟条約を締結した。国民党と中国共産党のあいだで内戦が激化したときも、アメリカを仲介とした国共の和解がはかられた際、気乗りしない毛沢東にスターリンが打電して和解の会談に応じるようううながしさえしたのである。

スターリンが毛沢東の勝利を確信して具体的な行動をとったのは、一九四九年になってからである。一月に、中国指導者の意向を確認するために、ミコヤンを毛沢東のもとに派遣していた。スターリン生誕七十周年祝賀祭の際に自ら出向いた毛沢東は、四九年十二月十六日にモスクワへ到着したが、ただちに実務的な会談には入れなかった。翌五〇年一月二十日に周恩来総理が政府代表団とともにモスクワへ到着したのち、ようやくスターリンとの会談がおこなわれ、五〇年二月十四日、中ソ友好同盟相互援助条約が締結された。同条約によりソ連は、長春鉄道に関する権利を五二年末までに無償で返還すること、同じ時期までに旅順からソ連軍を撤退させること、中国に年利一％の条件で三億ドルの借款を供与すること、大連港といったヤルタ会談で決められた、中国におけるソ連の権益の問題はあとまわしにすること、モンゴル人民共和国の地位の現状を承認すること、などが決められた。

中国共産党政権の樹立は、ソ連も含む極東情勢全般にきわめて大きな影響を与えた。アメリカは対日占領政策の全面的な見直しを迫られた。モスクワは一九五〇年の一月、米軍占領下の平和革命を考えていた日本共産党を公然と批判した。それへの対応をめぐって日本共産党内に激しい内部分裂が起こり（批判を受け入れた国際派と、受け入れない所感派の分裂・対立）、同党は敗戦直後の勢いを急速に失っていった。

中国革命が引き起こした衝撃を増幅させたのが、朝鮮戦争だった。中国の解放を間近にみていた金日成が、朝鮮解放の決意を固めたとしても不思議はなかった。まず、一九五〇年一月の金日成の支援要請をスターリンが受け入れ、ついで四月に金日成がモスクワを訪問した時に、スターリンは武力解放の考えを最終的に受け入れた。六月二十五日、金日成軍は戦闘を開始し、三八度線をこえて韓国に侵攻した。当初、金日成軍側が圧倒的に有利であった。同日に開催された国連安全保障理事会は、ソ連が欠席するなかで北朝鮮を激しく非難し、二十七日、米軍を中心とした国連軍編成の決議を採択して臨んだ。九月の仁川《インチョン》上陸から国連軍の主力をなす米軍の本格的な反転攻勢が始まり、今度は米軍と李承晩《イスンマン》の韓国軍が三八度線をこえて、北の占領へと進んだ。国連軍が中国国境の鴨緑江《おうりょくこう》に迫ったところでスターリンのあと押しもあり、十月に中国が参戦した。十一月半ばからは、偽装したソ連軍パイロットも参戦した。両軍は三八度線で一進一退を繰り返した。五一年七月になって、ようやく最初の停戦交渉が始まった。その後、交渉が膠着状態から脱し、朝鮮民族が相互の流血を止めたのは、五三年三月だった。

兵士の復員　笑顔で故郷に帰ってきた赤軍兵士。しかし翌年には大干魃が農村を襲った。

終戦直後のソ連社会と経済復興

冷戦は、ほかのいかなる交戦国よりも大きな被害を大戦で受けたソ連社会に、さらに重い負担となってのしかかった。当初スターリンは、戦争による人的損失を七〇〇万人と見積もった。だが、ゴルバチョフの時代になって、戦争犠牲者は二六〇〇万〜二七〇〇万人といわれるようになった。しかも軍人の死者が八七〇万人であるとすると、一七三〇万〜一八三〇万人が戦時に餓死したり、パルチザン活動中に殺害されたりした「非戦闘員」の死者や行方不明者だったのである。

死者の圧倒的多数が男性であったため、戦後のソ連社会は深刻な労働力不足にみまわれた。このことは、けっして正当化できることではないが、戦時捕虜を長く拘束し、強制労働に従事させ続けた背景のひとつとなった(たとえば、日本人のシベリア抑留)。だからこそ復員は急速に進められ、一九四五年七月の時点で一一四〇万人いたソ連の兵力のうち、のべ八五〇万人が四八年までに復員した。終戦時に国外にいたソ連人も、大半が四九年三月までに帰国した。復員した人々はただちに生産活動に従事した。そのために、都市部では深刻な住宅不足が生じた。人々は穴小屋やバラックでの生活を余儀なくされた。食糧の配給制度も、通貨改革がおこなわれた四七年まで続いた。

農村社会でも労働力不足は深刻だった。戦死した多数の男性の働き手の分まで、老人や女性、子どもが必死に働かざるを得なかった。そうした農民たちの肩に、課税制度が重くのしかかっていた。一九四二年四月の決定でコルホーズ員が果たすべきノルマとして増やされていた最低作業日数は、終戦後も減らされなかった。しかも作業日あたりの給付が低かった。現物の義務供出量も減らなかった。機械トラクター・ステーションへの現物による支払いも続いた。その結果、農民のあいだに、コルホーズ員としての義務である社会的労働を回避する動きが広くみられるようになり、彼らは自分の住宅付属地での耕作に集中し、その規模を増やしていった。そのために四六年九月、農民の住宅付属地が不法に拡大している事態を厳しく取り締まるよう求める「コルホーズ定款の侵犯を絶滅する措置について」なる決定が出された。

一九四五年から四六年にかけての冬は積雪が少なく、四六年の夏にも雨が降らなかった。その結果、四六年秋から翌年夏にかけて、ウクライナ、モルダヴィア、中央黒土地帯、ヴォルガ下流地域などが干魃《かんばつ》に見舞われ、飢饉が広がった。餓死者は約一〇〇万人にも達したといわれる。しかも餓死者は食糧を生産する農村部でもみられた。

そうしたなかで挙行される一九四六年二月の最高会議選挙に向けたキャンペーンの期間中、彼自身も立候補者の一人であったスターリンが、二月九日のモスクワの選挙人集会の演説で何を語るのかが注目された。しかしながら、演説の内容は、旧態依然とした重工業の復興に重点を置いたものだった。戦後に生活の改善を切望していた国民とのズレは解消されなかった。そのことを熟知していた指導部は、さまざまな統制を人々におよぼすことになった。

とりわけ指導部は、作家たちの発言や作品には敏感に対応した。なぜなら、彼らは国民の意識に鋭敏に対応するからである。すでに戦局が有利になった一九四三年の段階で、体制側は「有害な作品」を取り締まる動きをみせていた。とくに戦後になると、引き締めの動きを一層強めた。四六年には、軍人の動きを監視するために、政治宣伝総局が軍事人民委員部内にふたたび設置された。「大祖国戦争」の英雄ジューコフの行動すらも監視されることになった。四六年十二月、スターリンはアレクサンドロフの『西洋哲学史』の批判を始めた。スターリンの御用学者ルイセンコは、四八年ころに批判者を抑え込んだ。四六年の夏から始まる文学者のあいだの引き締めキャンペーンは、それを表立って進めたジダーノフにちなんでジダノフシチナと呼ばれた。「コスモポリタニズム」批判の名目で、戦後にソ連以外の社会へ開放的な態度をとることを封じ込める策もとられ、そのキャンペーンは、強い反ユダヤ主義的色彩を帯びていた。比較的ユダヤ人の多かった学者への批判が目立った。四八年に「ユダヤ人反ファシスト委員会」が解散され、委員長のソロモン・ミホエルスは暗殺された。

一九四〇年代の終わりから、工業は急速に成長し、とくに生産財部門の発展はめざましかった。製鉄、石炭と石油の採掘、機械製造、化学工業、さらに電力開発などは、第四次五カ年計画(四五～五〇年)が想定した目標を期限前に達成した。だが消費財部門の生産の成長は、はかばかしくなかった。とくに四九年以降、伸びの鈍化は目立った。労働力の職場への定着率も低いままだった。

農業分野の事情は、工業よりも遥かに劣悪であった。農業の労働意欲を高める刺激はほとんどないに等しかった。一九四八年二月に最高会議幹部会は、「悪意をもって農業における労働を忌避し、反社会的、寄生的な生活様式をおこなっている者を、ウクライナから追放すること」に関する秘密の布告を採択した。六月になるとこの布告は、一部の地域を除いてソ連全土に適用されることになった。それによって、九月三日までに二万三〇〇〇人が強制的に国内移住を強いられた。

一九五〇～五三年に、小規模のコルホーズを統合して巨大コルホーズをつくる動きがフルシチョフのもとで強引に進められた。その結果、ソ連全土でコルホーズ数は二四万二〇〇〇から九万一〇〇〇へと激減した。この荒療治は、コルホーズ員の管理を容易にし、トラクターや土地を効率的に利用できるようにしたのも事実である。しかしながら、それ以前のコルホーズに色濃くとどめられていた革命前の村落共同体の景観は、かき消えてしまった。

この時期に、一九四八年十月に提示された「大植林計画」を手始めに、大規模な目標を設定して人々の注意を引きつける試みがなされた。その後も「スターリンが自然を改造する」などのかけ声のもとで、運河、ダムの建設計画が実現された。ドイツとの戦争で中断された「共産主義」の建設の事業が、再開されたかのようだった。

厳しい生活と規制のために、農民のあいだで農業生産への意欲が失われ、また農村の学校や医療機関の劣悪さも加わって、農村から都市部への大規模な人口移動が起きた。一九五〇〜五四年のあいだに、九〇〇万人もの人間が都市へ移住したといわれる。

その一方で、一九四八年四月以降、毎年春に小売価格の引き下げがなされた。とくに四九年三月以降には、食料品の価格は大幅に引き下げられた。これは大半の国民にとっては朗報として受け止められたものの、国家には重い負担となった。

スターリンの晩年の政治

スターリンの晩年、重要な決定の多くは、スターリンの別邸（モスクワ市郊外のクンツェヴォ）で開かれる非公式の集まりでなされるようになっていた。したがって、その決定の内容を知る者もごく限られていた。そのごく少数の者も、国内状況や国際情勢を部分的に知るだけであり、個別の問題をめぐる討議を十分深められない事例が増えていった。

スターリン晩年の数年は、不可解な事件があいついで起こった。そのひとつが、レニングラードの党指導部を根こそぎ排除した事件である(レニングラード事件)。逮捕され、排除された者には、党政治局員ヴォズネセンスキー、党中央委員会書記クズネツォフ、ロシア共和国閣僚会議議長ロジオーノフらも含まれていた。一九五〇年九月の最高裁軍事法廷で、六名が反逆罪で処刑された。

こうした緊迫した情勢のもとで、一九五一年十二月の党政治局は、前回の大会から一二年ぶりとなる党大会の開催を決定した。いかなる理由からか、それから一年近くも経過した五二年十月に、第十九回共産党大会が開催された。スターリンが大会召集の目的としていたことは、おもに以下の四つであったと考えられる。

第一の目的は、党独自の活力を復活させ、党内の気風の引き締めをはかることであった。このころまでに党員数は激増していて、しかもその大半は、戦時から戦後にかけて入党した若い党員たちとなっていたからである。

大会の第二の目的は、戦後復興の時期が終わり、新しい時代が始まったことを国民に実感させることにあっただろう。

第三の目的は、スターリンの後継問題に見通しをつけて、体制を安定させることにあったといえる。老齢のスターリンは、大会で主要な役割を果たさず、最終日に短い演説をしただけだった。中心となる党中央委員会報告は、マレンコフがおこなった。これによって、彼がスターリンの後継者であることが内外に示された。フルシチョフは党規約改正の報告をおこなったが、さほど新味があったわけではない。

そして第四の目的として、党大会の開催をきっかけにしてスターリンは、側近の入れ替えや、上層部の新陳代謝を実行しようとしていたことが挙げられる。まずスターリンは、身辺からベリヤの息のかかっているグルジア人を一掃したのちにベリヤ本人を失脚させようと、一九五一年以降機会を狙っていた。そのあいだに、ベリヤの出身少数民族ミングレル人たちがソ連邦から離脱しようとしているとの告発をもとに、グルジアの党と国家の要職を占めていた同民族出身者をつぎつぎに逮捕させた。

この時期にスターリンの疑惑が向けられていたのは、ベリヤだけではなかった。党大会直後の党中央委員会総会でスターリンは、モロトフとミコヤンを公然と、しかも激しく非難して、総会出席者を驚愕させた。総会の終わりに、これまで一一人の局員と同候補からなっていた党政治局が、スターリンの提案で二五人のメンバーと一一人の候補からなる党幹部会に改変された。多くの者はこの措置を、それまでの幹部の排除を目的とするやり方と同じであると理解した。当時は秘密にされていたが、この総会では、上記の幹部会の上に九人からなる幹部会ビューローの設置も決められていた。そこにはモロトフ、ミコヤンらは含まれていなかったのである。

十月の党大会と党中央委員会総会が終わると、スターリンの体力の衰えぶりと、それに関連して彼の後継をめぐる問題が囁かれるようになった。一九三〇年代に頭角をあらわし、最高指導部にまでのぼりつめたマレンコフ、ベリヤ、フルシチョフの三者がその俎上に載っていた。

その一方、晩年のスターリンは妄想に取り憑かれたかのように、周囲のあらゆる者に敵意を見出すようになった。彼は十二月に、長くクレムリンの警護を担当してきた護衛総局長官ヴラシク中将を逮捕させたり、クレムリン病院の医師たちによる要人の暗殺計画があったと思い込み、彼らに疑いの目を向けたりするようになった。一九五三年一月半ば、新聞（『プラウダ』や『イズベスチヤ』）はクレムリンの要人担当の医師による反国家的活動を発表した（「クレムリン医師団事件」）。一九三〇年代を知る者は、発表の仕方から、三七年、三八年と同じ規模の党幹部の入れ替え（大テロル）が起こることを予感した。しかしながら五三年三月二日、スターリンは自室で発作に倒れて意識を失い、彼のかたわらにひかえる最側近たちのあいだでスターリン後の体制についての会話が交わされるなか、呼び出されたわずかの家族に看取られながら三日後に没した。

第三次世界大戦の勃発が囁かれるなかでのスターリンの死は、当座はソ連国民のあいだに深い悲しみと大きな絶望を引き起こした。しかし、独ソ戦で一人一人が自らと家族の生死について極限まで問われ、思考する体験を経た国民にとって、スターリンの死は、彼らのなかに自立した思考を芽生えさせ、その自覚をうながしていく明確なきっかけとなり、ひいては「上から」ではあったが、一九五六年二月のフルシチョフによる「スターリン批判」の背景のひとつにもなったのだった。

第十章

社会主義体制の変貌・成熟・停滞

1　スターリンの死とフルシチョフ

独裁者の死と権力継承

一九五三年三月二日にスターリンは脳の動脈硬化で倒れ、五日に死去した。スターリンが死の床にあった五日の党中央委員会総会・閣僚会議・最高会議幹部会合同会議はマレンコフを首相に指名し、ベリヤ、モロトフ、ブルガーニン、カガノヴィチの四人を第一副首相とした。共産党機構では、大人数の幹部会と小人数の幹部会ビューローという二重構造が廃止され、一一人からなる幹部会に一本化された。後継者たちのうち、最初にイニシアティヴをとろうとしたのはベリヤである。彼は古巣の内務省(国家保安省を吸収)に戻り、ほかの政治家たちから恐れられる立場にあったが、それだけに迅速に新政策を打ち出し、スターリン末期との違いをアピールしようとした。

三月末から四月初頭にかけて、大赦令、食料品・工業消費財の値下げ、そして「クレムリン医師団」事件がでっち上げだったとの発表があいついだ。「ユダヤ人反ファシスト委員会」事件についても、でっち上げだったことが暴露された。ベリヤはまた、党と国家の分離を主張し、「個人崇拝」を批判した。新しいソ連領土（バルト三国、西ウクライナ、西ベラルーシ）における現地民族幹部の重用が唱えられ、党・国家の業務も現地民族の言語でおこなうこととされ、その言語を知らない幹部はモスクワに召還された。

このような政策転換の努力にもかかわらず――あるいは、むしろそれゆえに――ベリヤはほかの指導者たちに警戒され、スターリン死後の最高指導者中で最初に失脚することになった。ベリヤは六月末の幹部会の席上で逮捕された（十二月に死刑）。続いて、ほかの一連の治安関係者も逮捕、処刑された。その際、彼らに「人民の敵」「反革命」というレッテルを貼った点は、スターリン時代と同様の手法だが、ともかくこのようなかたちでの大規模な政治テロルはこれで最後となった。

ベリヤ失脚後の主導権争いは、マレンコフとフルシチョフのあいだで展開された。前者は古参の党中央委員会書記だったが、スターリンのあとを継いで首相となるとすぐに書記を退いたため、フルシチョフが筆頭書記となった（一九五三年九月に正式の第一書記）。マレンコフは国民の消費生活重視、軽工業重視、農産物買付け価格引上げ、平和共存外交路線などで新機軸を出そうとした。ベリヤにしろ、マレンコフにしろ、短期的な試みとはいえ、スターリン末期と異なる政策を模索したということは、最高指導部に「上からの改革」の志向が早い時期から広まっていたことを物語る。

　他方、当時のフルシチョフはマレンコフに対抗して、農業と重工業を重視した。農業の停滞の暴露は、かつて農業問題の解決を宣言したマレンコフの威信を傷つける意味をもった。他方、重工業重視は、モロトフら古参スターリン派の支持を取りつける意味があり、その点では当時のフルシチョフはむしろ「保守的」だった。マレンコフの地位は一九五四年末に弱まり、五五年二月には首相解任に追い込まれた（後任はブルガーニン）。フルシチョフはまた、ウクライナの党幹部を味方につけようという権力闘争上の思惑もあって、それまでロシア共和国の管轄下にあったクリミアを五四年にウクライナに移管した。

フルシチョフの興隆とスターリン批判

　マレンコフを失脚させて地位を高めたフルシチョフは、一九五五〜五六年に独自色を出し始め、経済政策ではマレンコフの消費財重視政策に接近した。この転換は、古参スターリン派（モロトフ、カガノヴィチら）との対抗を意味した。

　スターリン時代の「大テロル」の犠牲者には支配エリート層に属していた人が多数含まれていたので、関係者による名誉回復要求が早い時期から提出されていた。知識人、とくに文学者や歴史家のあいだからは、過去の見直しの声があがった。スターリン批判はこのような「下からの」圧力を背景としていたとはいえ、より直接的には、政治指導部内の権力闘争によって規定された。モロトフ、カガノヴィチ、ヴォロシーロフらは、スターリンのもっとも近い側近として「大テロル」と深く結びついていたので、彼らをおとしいれようとする思惑がフルシチョフにあったと考えられる。もっとも、フルシチョフ、ミコヤンらもスターリンの圧政に無縁ではなく、自らも手を汚していたから、彼らの推進した暴露にも限界があった。

一九五六年二月の第二〇回ソ連共産党大会におけるフルシチョフ報告は、「社会主義的適法性」「個人崇拝批判」にふれ、平和共存政策、社会主義への道の多様性を説くなどの点で新機軸を出したが、正面からスターリンを批判するものではなかった。それとは別に、フルシチョフは大会最終日に秘密報告でスターリン批判を展開した。これ自体は非公開だったが、党員にはあとで知らされたので、かなり広汎に知れわたり、各界でスターリン批判が拡大する契機となった。六月にはアメリカ国務省が英訳テキストを公表して、世界中に巨大な衝撃を与えた。

フルシチョフによるスターリン批判は、「個人崇拝」という把握に示されるように、体制そのものに切り込むものではなかった。批判の対象はほぼ一九三四年以降に限定されており、二〇年代の党内闘争や二〇年代末の「上からの革命」にはおよばなかった。そのような限界があるにしても、直前まで神格化されていたスターリンの権威を引きずり下ろしたことの衝撃は、きわめて大きかった。フルシチョフの思惑をこえてソヴィエト体制への批判に進もうとする動きも生じた。

スターリン批判への反発と逆流も直後からみられた。知識人からの自由化要求拡大は、党官僚のあいだに自由化が行き過ぎることへの懸念と引き締め論を生み出した。スターリン批判推進派と保守派の綱引きは、こののち、時期による差はあるがずっと続くことになる。

フルシチョフの権力が上昇するなかで、ほかの幹部たちはさまざまな要因から反フルシチョフで結集するようになった。古参スターリン派はスターリン批判の「行き過ぎ」に懸念をいだいていた。マレンコフ元首相は権力闘争でフルシチョフに敗れた恨みがあり、また政府機構と党組織の権限問題も絡んだ。さらに、サブーロフ、ペルヴーヒンらの経済官僚は、経済政策をめぐってフルシチョフと対立していた。これらの勢力により反フルシチョフ連合が形成され、一九五七年六月の党中央委員会幹部会でフルシチョフ解任が提案された。幹部会の正規のメンバーのなかではフルシチョフ派は少数であり、彼は窮地に追い込まれたが、フルシチョフは幹部会員候補および書記、また軍人や地方党組織幹部などの中央委員の支持を得て巻返しをはかった。その結果、直後の中央委員会総会では勢力が逆転し、フルシチョフ派が勝利した。この緊急総会開催にあたって、地方在住の中央委員は、ジューコフ国防相の提供した軍用機で急遽モスクワに呼び集められた。この危機を乗り切ることでフルシチョフの権力は一層強まった。五八年三月にはブルガーニン首相が解任され、フルシチョフ第一書記が首相を兼任することとなった。

平和共存外交

スターリンの死後まもない一九五三年七月、朝鮮戦争休戦協定が調印された。翌年のジュネーヴ平和会議では、インドシナ戦争の和平が成立した。フルシチョフは、マレンコフの打ち出した平和共存論にたいして当初は消極的な態度をとっていたが、マレンコフ失脚後は自ら平和共存政策を受け継いだ。その核心は、戦争不可避論の否定、核戦争の脅威の強調とその回避の努力という点にあった。二つの体制のあいだの対抗という基本的観点はスターリン時代と変わらないが、その主要な場は軍事面よりもむしろ経済の領域における平和的競争および第三世界への援助を通じた影響力拡大と位置づけなおされた。

一九五五年四月、ソ連はオーストリアの国家主権回復覚書に調印し、五月のオーストリア国家条約を受けて、ソ連軍を含む連合軍はオーストリアから撤退した。同年七月、ポツダム会談以来一〇年ぶりの首脳会談として、米英仏ソ四国首脳会談がジュネーヴで開催された。このジュネーヴ会議は、米ソ首脳が核戦争の危険性について共通の認識をもっているとたがいに認識する契機となった。

フルシチョフのソ連はユーゴスラヴィアとも和解した。一九五五年五月、フルシチョフはユーゴスラヴィアを訪問し、相互内政不干渉を謳い、社会主義への多様な道を認めた。これを一要因として、五六年四月にはコミンフォルムが解散され、国際共産主義運動のセンターはなくなった。

ソ連におけるスターリン批判は、東欧諸国にも大きな影響をおよぼした。ハンガリーおよびポーランドでは、社会主義への独自の道を説くナジおよびゴムウカへの共感が一九五六年を通じて高まり、ともに失脚していた彼らを政権に復帰させよという要求がそれぞれの国で強まった。ハンガリーでは、十月二十二〜二十三日のブダペストでの大集会――ソ連軍撤退、ナジを含めた新政府の形成、複数政党の参加する選挙、言論の自由、政治犯釈放、スターリン像撤去などを要求――が発端となって、騒然たる情勢が現出した。首相になったナジは、改革派とはいえ古参の共産主義者であり、社会主義放棄やソ連圏からの離脱まで考えていたわけではなかったが、大衆運動に突き上げられて、徐々に自らも急進化し、複数政党制の復活、さらにはワルシャワ条約機構脱退を宣言した。このようなナジの急進化はソ連の許容限度をこえるものであり、十一月四日にはソ連軍の総攻撃が始まった。

日ソ国交回復交渉は一九五五年に、日本の鳩山一郎政権、ソ連のフルシチョフ政権のもとで始まった。ソ連側は日米関係にくさびを打ち込むため、歯舞《はぼまい》・色丹《しこたん》の返還の可能性を日本側に伝えた。米政権および日本政府内の親米派にとっては、二島返還による妥結は日ソ接近の可能性を意味し、沖縄を占領していた米政権の立場を困難にするという意味をもった。結局、日本政府の公式の立場として四島返還論がとられることになったため、二島返還による講和は不可能となったが、そのかわり、領土問題抜きでの講和がめざされ、五六年十月に日ソ共同宣言によって戦争状態の終結が確認され、国交回復が実現した。この宣言でソ連は、「日本国の要望に応え、かつ日本国の利益を考慮して」、将来の平和条約調印後に歯舞と色丹を日本に引き渡すことに合意したが、六〇年の日米安保条約改訂時に、この実現の条件がなくなったとして、これを取り消した。

経済政策

経済の行政的＝指令的システムは、少数の優先分野への全力投入が要請されている状況下ではそれなりの有効性を発揮したが、平時に移行し、多様な製品を生産することが求められるようになると、不適合性がより明確になった。戦後再建が一応完了しつつあった一九五〇年代半ば以降、「外延的成長」から「内包的成長」への移行が求められ、経済改革の試みが種々のかたちで始まった。

初期に注目を集めたのは、地方への分権化である。一九五六年五月には、一連の部門の企業の管轄が連邦から共和国に移された。五七年には、全国を約一〇〇の経済地域に分ける国民経済会議方式が導入され、縦割の部門別省が廃止された。しかし、この改革は共和国・州レヴェルへの権限下放にとどまり、企業の自主性拡大を意味するものではなかった。市場導入という発想はなく、垂直的集権化にかえて水平的集権化が試みられるにとどまったため、地域単位での「ミニ指令経済」ともいうべきものが生まれ、地域をこえた横の調整が欠落して、種々の混乱を招いた。

この実験に限らず、経済改革論議は活発に続いた。スターリン批判後の時代状況は、相対的に自由で活発な論争を可能にした。一九六二年九月のリーベルマン論文を発端に、いわゆる「利潤論争」が展開された。それ以外にも、多様な議論があり、数理経済学も登場した。

農業においては、それまであまりにも低かった農産物の国家買付け価格が何度かにわたって引き上げられた。これは農民の生産意欲刺激を狙ったものだが、結果的には、農業が収奪対象(資金蓄積源)から国庫補助対象(逆ざや現象)へと転換するもととなった。一九五四〜五八年にはシベリアおよびカザフスタン北部で大規模な処女地開拓運動が展開された。これは最初の数年はそれなりの成果をあげたが、まもなく土地の肥沃度の低下によって限界にぶつかった。また畜産振興のため、飼料としてのトウモロコシが注目されたが、これも自然条件を無視して全国に広められたために失敗した。

フルシチョフとトウモロコシ　フルシチョフはトウモロコシ増産に絶大な期待を寄せた。

より構造的な農業政策としては、MTS(機械＝トラクター・ステーション)の解散(一九五八年)がある。MTSはコルホーズへの国家統制の機関だったから、その解体は、主観的狙いとしてはコルホーズの自主性拡大を意味した。MTSの機械および人員はコルホーズに分配され、コルホーズの経営基盤強化に役立つものと期待された。しかし、機械買取り代金や倉庫・作業場などの建設費がコルホーズの財政を圧迫するという副産物をともなった。小規模コルホーズの大コルホーズへの統合、あるいはソフォーズへの転化、また小さな村から大きな村への集中もおこなわれた。これは農村近代化促進を期待する政策だったが、結果的には農民の土地とのつながりを弱め、人口流出・過疎化を促進した。他方では、農民の住宅付属地経営にたいする制限的政策がとられた。フルシチョフは、ほぼ一貫して付属地経営にたいし消極的であり、とくに一九六一〜六二年の制限強化策は大きな打撃を農村に与えた。

一連の農政改革により、農業生産はある程度向上した。しかし、都市化の進行により、都市における食糧需要が急増し続け、とくに食肉消費増大にともなって飼料需要が伸びたため、増産を上回るテンポで農産物需要が増大し、不足状態が続いた。一九六三年には、不作のため、アメリカから大量の小麦輸入がおこなわれた。

「共産主義建設」の夢と社会政策

一九五九年二月の第二十一回臨時党大会は、「共産主義の展開的建設期」という野心的な時代規定を打ち出した。そのひとつの背景として、宇宙開発の成功裡の進展がある。五七年八月、世界最初のＩＣＢＭの実験成功、十月、これも世界最初の人工衛星（スプートニク一号）、十一月には犬を乗せた衛星（スプートニク二号）打ち上げ成功が、華々しく宣伝された。六一年四月には、最初の有人飛行（ガガーリン）、六三年六月に女性宇宙飛行士（テレシコワ）と実績をあげた。この「成功」は、威信のために無理をして急いだという面もあったが、ともかく宇宙開発でソ連がアメリカに先行したという事実は全世界の人々に強烈な印象を与えた。アメリカでもこの過大評価から、「スプートニク・ショック」がいわれた。

一九六一年十月の第二十二回党大会では再度のスターリン批判がおこなわれ、また新綱領・規約が採択された。そこでは、「共産主義建設」論が明確化され、プロレタリアート独裁の終了と「全人民国家」への転化が打ち出された。生産力の飛躍的向上により、アメリカの水準に早期に追いつき、追いこすという目標が掲げられた。これは意気高く楽天的な時代風潮を象徴する。だが、理想の性急な実現の試みは、非合理性と無理をともない、それを隠すためにさまざまな病理的現象を生んだ。

第二十二回党大会における第二次スターリン批判は、一時停滞していたスターリン批判をより前進させる契機となった。大会直後にスターリンの遺骸をレーニン廟から出し、クレムリンの壁に葬りなおしたのは象徴的である。各界知識人の活発な言論活動にはずみがつき、このあとの数年間がスターリン批判の最高潮となった。この当時の雰囲気を青年期に吸収した世代は、「六〇年代人」と呼ばれる。その多くは、社会主義・マルクス主義を本心から信じ、「スターリン的に歪曲されない、よりよき社会主義」を求めていた。この世代が二十数年後にペレストロイカを支えることになる。

共産主義建設論は、教育・宗教・民族などの社会政策の諸領域にも影響した。一九五八年の教育改革は教育と労働の一体化重視を打ち出した。学校における労働教育の時間が増やされ、大学入学にあたって労働経験者の優先が強められた。フルシチョフの当初の構想は、全入学者に入学以前の労働経験を義務づけようとするものだったが、これには抵抗が強く、実際にはそこまでいかなかった。この実験は、理想主義のあらわれの一種だったが、フルシチョフ特有の性急さのせいもあって、さまざまな混乱と反発を生んだ。

強烈な反宗教政策もこの時期の特徴である。独ソ戦期に正教会と国家の和解が達成されて以降、教会首脳は政権と癒着して、エスタブリッシュメントの一角をなすようになっていたが、フルシチョフ期には、反宗教政策がふたたび強められ、多くの聖職者が逮捕された。教会の閉鎖は、この時期に、一九三〇年代以来の頂点に達した。

フルシチョフのスターリン批判秘密報告は、大戦中の民族追放にもふれ、これを受けてカラチャイ人、カルムイク人、チェチェン人、イングーシ人、バルカル人の名誉回復がおこなわれた。これらの民族は正規の許可を待たずに大挙して帰郷し始め、当局も一九五七年一月にこれらの民族の自治共和国・自治州を復活させた。強制追放された諸民族のうち、朝鮮人、クリミア・タタール人、ドイツ人、メスヘチア・トルコ人、ギリシア人などはこの時期には名誉回復の対象から除かれたため、このあと、名誉回復および故郷帰還要求の運動が続いた。

スターリン批判の全般的な雰囲気のなかで、各共和国でも、一時期自立化の動きがみられた。しかし、スターリン批判全般の前進と後退のジグザグと対応するかのように、ここにおいても、統制緩和と引き締め策の双方がとられた。

民族理論に関しては、「諸民族の接近と融合」が強調された。とくに重要なのは、学校教育における言語の問題である。従来、母語による教育が原則とされてきたが、フルシチョフの教育改革は、民族語による教育とロシア語による教育とを選択制にするという転換を打ち出した。この「自由選択制」は、実際には、民族語による教育を後退させる効果をもった。

フルシチョフの威信低下と失脚

フルシチョフは党組織面でも改革を試みた。党幹部の人事停滞を打破するため、一九六一年の党規約では、中央委員会および幹部会は選挙のたびに四分の一以上を更新し、幹部会選出は三期を限度とするなどの定期更新制が定められた。各級の党幹部はこれを自らの地位を脅かすものと受け取り、改革に反発した。続いて六二年の党組織改組は、党の経済指導への密着をめざして、あらゆるレヴェルの党組織を農業関係と工業関係に分けた。この改革には地方党幹部からの反対が強く、また分割が実行されたところでは古い書記と新しい書記のあいだで競合や混乱が生じた。こうした党改革への中間幹部の不満はフルシチョフ失脚の要因となった。

一九六〇年代前半には、対外面でも緊張が高まった。ベルリンとキューバの危機、中ソ論争の公然

フルシチョフの墓　白と黒を組み合わせた意味深長な墓碑は彫刻家ネイズヴェスヌイのもの。

化がそれを象徴する。「ベルリンの壁」の建設（一九六一年八月開始）の背景は、毎年およそ二〇万もの人が西に流出していたこと、また西ベルリンで働き東ベルリンに住む住民は、西の高い賃金を得て東の安い物価で買い物をすることができたことなどにあった。

　キューバに関しては、米政権内で対キューバ強硬策が練られていることへの対抗を直接の契機とし、より広くはベルリンでの緊張、またトルコへの米ミサイル配備といった情勢をも背景として、一九六二年夏に、ソ連は核ミサイルのキューバへの持込みを決断した。十月二十二日、米政権は偵察機がソ連の核基地建設を発見したと発表した。ケネディ米大統領はキューバ封鎖をおこない、フルシチョフに核ミサイル撤去を求める最後通牒を送った。数日間、激しい応酬が続き、世界は核戦争の危機に瀕するかにみえた。結局、アメリカはキューバを攻撃せず、ソ連はミサイルを撤去するという合意が六日後に成立した。こうして核戦争の危機はきわどく回避され、米ソ首脳のあいだに「ホットライン」が引かれることとなった。

中ソ間の対立はスターリン批判のころから兆しがあったが、当時は潜在していた。中国共産党は、一面ではスターリン時代のソ連とのあいだにひそかな対抗関係をもっており、独自にスターリン批判を遂行すべき動機があったが、他面では、スターリン死後の国際共産主義運動においてソ連とのあいだにライヴァル関係があり、しかもフルシチョフが中国の事情を無視して、毛沢東個人崇拝の批判につながりかねない「個人崇拝」批判を開始したことから、スターリンにたいしてよりもフルシチョフにたいしてより強い怒りを爆発させた。またソ連の平和共存外交は、東アジアでアメリカと厳しく対峙していた中国の反発を招いた。一九六〇年七月、ソ連は中国に派遣していた専門家を引き揚げ、多くの科学技術協力を破棄した。中国の核兵器開発への援助も撤回された。六三年には、名指しのかたちで中ソ論争が展開されるにいたった。

このように、一九六〇年代初頭を通して、対外的にはキューバ危機のような「冒険的」政策の失敗、中国からの「修正主義」批判がフルシチョフの威信を傷つけ、国内では頻繁な政策変更・機構改革にたいする中堅幹部の不満と反発が高まっていた。ノヴォチェルカッスク暴動(一九六二年六月)も政権の威信を傷つけた。ソヴィエト農学・生物学・遺伝学に破壊的影響をおよぼしたルイセンコをフルシチョフが庇護し続けたことは、彼への科学者たちの不信を深めた。

こうして諸方面からのフルシチョフへの不満が高まるなかで、彼を第一書記の座から引き下ろす陰謀が最高指導部レヴェルで進行した。一九六四年十月、クリミアで休養をとっていたフルシチョフは、休暇から突如呼び戻され、辞任要求を突きつけられた。圧倒的な糾弾の嵐にさらされたフルシチョフは抵抗を断念し、辞任に同意した。

2　ブレジネフの時代

集団指導体制とブレジネフ権力の確立

フルシチョフを解任した一九六四年十月総会は、一個人への権力集中を避けるため、第一書記（六六年に「書記長」の呼称に戻る）と首相の分離を合意した。このような集団指導の強調は、スターリン、フルシチョフという二人の専断的最高指導者のあと、それを繰り返したくないという考えが政治エリート間に広まり、最高指導者といえども中央委員たちの意向を無視はできないということが暗黙の合意となったことを反映している。そのような出発をした以上、当然ながらフルシチョフ失脚の直後は、ブレジネフの優位はあまり明確でなかった。当座は、ブレジネフ第一書記とコスイギン首相、そして翌六五年に最高会議幹部会議長となったポドゴールヌイの三人が三頭態勢（トロイカ）をつくった。

一九六四年十月の時点で反フルシチョフ派を結びつけていたのはフルシチョフ排除というごく限られた合意のみであり、新しい方向性は未確定だった。スターリン批判継続路線もあれば、スターリン再評価、中国との和解路線もあったが、ブレジネフはその中間の路線を歩んだ。スターリン批判は後退したが、かといってスターリンを名誉回復するわけでもなく、スターリンについては単純に沈黙するという態度がとられた。

フルシチョフの一連の新機軸のうち、党役員の多選制限、党機構の農業・工業への二分割、経済管理における国民経済会議方式、一九五八年教育改革の大部分はすぐに放棄された。他方、分野によっては、フルシチョフ期の政策が引き継がれたものもある。なかでも、一九六五年の経済改革は、フルシチョフ期における議論の蓄積のうえに実現したものである。

一九六〇年代に東欧諸国を含めて積み重ねられた経済改革論争を受けてソ連で現実に採択された経済改革は微温的なものであり、企業への義務的指標は廃止でなく削減にとどまった。価格改革も部分的なものにとどまった。このように限定的なものだったとはいえ、ともかくも一定の改革がなされ、またそ

「チェコスロヴァキアの春」「正常化」のためという名目でプラハ市内に侵攻するソ連軍戦車。

れをめぐって活発な議論がなされたことは重要な意味をもった。

一九六八年のチェコスロヴァキアへの軍事介入は大きな分水嶺となった。ドゥプチェク新書記長のもとで始められたチェコスロヴァキアの改革は、当初は「上から」の改革だったが、言論自由化のなかで多様な改革論が噴出し、東欧諸国の一連の改革運動のなかでもっとも徹底した試みとなった。主要スローガンとしての「人間の顔をした社会主義」は、当時はまだ社会主義の理念への信頼があったことを物語っている。八月二十〜二十一日の夜、ワルシャワ条約機構軍が介入を開始した。介入の正当化のため、ブレジネフ・ドクトリン（制限主権論）が打ち出された。ブレジネフ期の初期にはまだ残っていた「雪解け」的雰囲気はこれをさかいに決定的に後退し、イデオロギー引き締めが強められた。

政権内におけるブレジネフの優位は、時間とともに固まり、対抗馬が切り捨てられていった。相対的に若手で有力だったシェレーピン（イデオロギー的には中国寄り、かつスターリン名誉回復志向といわれる）は、一九六〇年代後半を通じて地位を低下させ、七五年四月には政治局から排除された。シェレスト、ヴォロノフの二人は七三年四月総会で解任された。こうしてブレジネフは自己の優位を固めていったが、それも彼個人の圧倒的独裁というものではなく、中間幹部のコンセンサスを基礎とするものだった。

この時期の指導部の自己認識を象徴するのは、「発達した社会主義」という時代規定である。「発達した」という修飾語は自己満足的な印象を与えるが、それでいて「共産主義」の語を避けており、フルシチョフの「共産主義建設」論は実質上、撤回された。

官僚制の安定

ブレジネフ時代のひとつの大きな特徴は、官僚の地位の安定化である。ソ連は「官僚国家」だとの一般的通念に反し、スターリンおよびフルシチョフの時代の官僚はきわめて不安定な存在だったが、ブレジネフは彼らの地位を保障し、彼らにソヴィエト時代ではじめての長期的安定をもたらした。もちろん、安定と停滞は表裏一体であり、官僚の安定は腐敗蔓延、規律弛緩をともなった。

党機構についてみると、フルシチョフ末期の党改革は取り消され、また幹部会を政治局に、第一書記を書記長に戻すといった名称変更がおこなわれたが、それを別にすれば、党機構の制度的骨格にとくに大きな変化はなかった。スターリンおよびフルシチョフ期には頻繁な機構改編があったのにたいし、ブレジネフ期には大きな機構変化がないまま持続して、安定したパターンができ上がった点が特徴的である。国家制度においても、一九七七年のいわゆるブレジネフ憲法は、三六年憲法にさまざまな手直しをほどこしたものの、原則的な国制変更を持ち込みはしなかった。このように、党・国家の双方にわたって、根本的な変化がないままに数十年を続けたという事実それ自体が、安定と成熟、定型化と正規化を象徴的に物語っている。

フルシチョフ期のイデオロギー再強調が失敗に終わったのを受けたブレジネフ期には、イデオロギーによる大衆動員が弱まり、政権は国民の受動的黙従を消費主義的に買い取るという方向に進んだ。イデオロギーの儀礼化、空洞化は極点に達した。経済成長が続くあいだは、ある程度の生活改善が可能であり、それを基礎に、政権と国民のあいだにある種の「社会契約」——政権は国民に最低限の生活保障およびその水準の漸次的向上を約束し、国民はそれと引き換えに政権への黙従を約束する——が成り立った。

しかし、この「社会契約」にはいくつかの弱点があった。大衆の不満の要因として、政治的自由の欠如はいうまでもない。生活水準向上にしても、量的にはともかく、消費財の品質・ヴァラエティーの面で大きな限界があった。こうした不満は、国民が過去との比較を意識しているあいだは目立たなかったが、経済復興が進んで最低水準をこえた欲求をもつようになり、また欧米諸国との比較を意識するようになると、止めようもなく拡大した。さらに、経済低成長化は国防工業の維持・拡大と消費生活水準の向上の両立を困難にし、「社会契約」を政権が履行するのも困難になった。とはいえ、国際的な石油価格上昇は産油国ソ連を利し、経済成長鈍化はとりあえず表面的には糊塗《こと》されていた。

体制の硬直化のなかで、それを批判する異論派の発言が登場した。「雪解け」を一度経験したあとの言論引き締めの副産物として、タイプ印刷でのサミズダート(地下出版あるいは自主出版)が一九六〇年代後半に活発化した。当然ながら、これは統制強化とのせめぎ合いのなかに置かれていた。統制の強まりを象徴する事件として、一九六六年二月のダニエルとシニャフスキーの裁判がある。これへの抗議運動のなかでアマルリクらの異論派が登場し、その多くが逮捕された。同年九月、ロシア刑法典一九〇条の一、二、三が新設され、「ソ連の国家体制および社会体制を誹謗する故意の虚構を口頭で組織的に流布すること、ならびに同様な内容の作品を文書、印刷またはその他の方法で準備し、流布すること」に刑事罰が規定された。異論派にたいする体制の対応は、選別的弾圧(精神病院の利用など)と孤立化を進める巧妙なものだった。

一九六八年の「チェコスロヴァキアの春」に際し、ソ連の知識人の多くは、改革運動に共感し、その展開に期待を寄せた。当局の側からすれば、そのことはチェコスロヴァキアの運動を抑止しなければならない追加的理由となった。かねてより体制批判を強めていた物理学者のサハロフは、このころ、『進歩・平和共存・知的自由に関する考察』を書き、四月から『時事クロニクル』の発行を始めた。七三年には、ジョレス・メドヴェージェフ(異論派の生化学者)が滞英中に国籍を剝奪され、帰国不能となった。以後、多くの文化人の出国があいついだ。七四年にはソルジェニーツィンが強制的に出国させられ、八〇年にはサハロフがゴーリキー市に流刑となった。

民族政策においては、引き続き「接近と融合」論が唱えられた。フルシチョフ期に提起され始めた「ソヴィエト人」概念は、ブレジネフ期にとくにもてはやされるようになった。とはいえ、完全な融合そのものを日程にのぼらせるところにまではいたらず、「ソヴィエト人」概念も「民族」とはされなかった。概して政策および制度面では中央集権化が進められたが、他方において、幹部安定化政策のため共和国指導部の在任期間が長くなり、それにともなって、彼らへの中央からの統制が事実上緩んだ。建前と現実の乖離《かいり》がしばしば放置された時代状況のなかで、共和国の指導者が一種の「封建領主」のごとくに振舞って、中央からの事実上の独立性を強め、ある程度まで民族主義的傾向を示しさえした。

一九七〇年代後半以降、ブレジネフへの権力集中がさらに進んだ。ポドゴールヌイ(七七年五月に政治局解任、同年六月に幹部会議長も解任)、マーズロフ(七八年十一月に政治局解任)、コスイギン(八〇年十月に政治局および首相解任、同年十二月に死去)も消えていった。これらと入れかわりに、ブレジネフ人脈のチェルネンコ、チーホノフらが台頭した。全般的に高齢化が進行したうえ、ブレジネフ自身の健康が悪化したため、政策革新はますます困難となった。人事の安定化は、時間とともに、老人支配の高進をもたらしたが、老人支配は生理的限界にぶつかり、この直後に、一挙に多数の指導者が退場することになる。

デタントと軍拡

ブレジネフ時代の外交政策は、欧米諸国との平和共存の側面(デタント)と対決=緊張継続の両面性をもっていた。アメリカとの正面衝突は避けられ、後者は主としてアフリカなどの第三世界への勢力圏拡大にあらわれた。

米ソ関係では、一九七〇年から戦略兵器制限交渉（ＳＡＬＴ）が積み重ねられ、七二年五月の米ソ首脳会談でＳＡＬＴ Ⅰが調印され、十月の米ソ通商条約では最恵国待遇、通商代表部設置などが話し合われた。ただし、最恵国待遇問題は、ユダヤ人出国問題と絡められて紛糾した。七五年の全欧安保協力会議（ヘルシンキ会議）では、既存国境不可侵の原則を確認すると同時に、人権尊重が約束された。これはソ連・東欧諸国に「ヘルシンキ・グループ」が登場する契機となった。

フルシチョフ期に始まった中ソ対立は、イデオロギー論争の域をこえて、国家間対立としての様相を濃くした。中ソ両国は七四〇〇キロという世界最長の国境線をもっていたので、国境を挟んだ対峙および国境紛争は深刻な意味をもった。新疆《しんきょう》イリ地域をはじめ、各地でさまざまな問題があり、一九六九年三月には国境地帯で武力衝突が起きて（ダマンスキー＝珍宝島事件）、本格戦争の可能性さえもささやかれた。この衝突のあと、中国はソ連を「主要敵」とみなすようになる。

アメリカの対中接近も、中ソ関係に大きな影響をおよぼした。一九七一年七月のキッシンジャー米国務長官の秘密裡の訪中を経て、七二年二月のニクソン訪中で明確となった米中接近は、ソ連からみれば、世界的な対ソ包囲網を完成させるものと映り、ソ連に大きな衝撃を与えた。ソ連は中国に対抗してヴェトナムへの接近を強めた。

一九七〇年代末以降の大きな問題はアフガニスタンへの関与である。七八年四月の政変でアフガニスタンに社会主義的な政権が成立したが、その政権の内部抗争が激しくなり、収拾が困難になるなかで、七九年十二月にソ連軍が介入した。この介入は、短期決戦の期待を裏切って泥沼化し、その後のソ連に重い負担を残した。欧米諸国との関係でも、デタントの雰囲気が一挙にふきとび、「新冷戦」状況へと転化した。ちょうどこの時期に登場したアメリカのレーガン政権(八一年就任)は、ソ連を「悪の帝国」と呼び、対決姿勢をあらわにした。SALT Ⅱ(七九年六月調印)の批准は延期された。八〇年のモスクワ・オリンピックは、西側諸国によってボイコットされた。

一九八〇〜八一年には、ポーランドの「連帯」運動がソ連・東欧圏を揺さぶった。八〇年八月に労働者のスト運動が広がり、月末にはグダンスクの合意書が調印された。「連帯」は短期間に圧倒的多数の労働者の支持を獲得した。急速な自主労働運動の広がりのなかで、共産党は大きく動揺した。結局、八一年十二月に戒厳令が公布されて、大衆運動は沈静化させられた。このことも東西緊張を高め、「新冷戦」状況の一因となった。

アンドロポフ・チェルネンコの短期政権

一九八〇年代初頭には政権の末期症状があらわになっていた。ブレジネフは老齢と病気のため、実質的に指導不能の状態に陥っていたし、彼個人だけでなく、あらゆる分野で老人支配が頂点に達した。人事停滞にともなって腐敗も恒常化した。一部の政治家や知識人は、こうした状況にある種の危機感をいだき始めていた。経済学者や法学者のあいだで「体制内改革派」的な潮流がひそかに台頭した

（ポポフ、アガンベギャン、ザスラフスカヤら）。彼らはのちにゴルバチョフのブレーンとなる。

一九八二年十一月、ブレジネフが死去し、後継書記長にアンドロポフが選出された。アンドロポフ期の特徴は、規律引き締め、腐敗摘発キャンペーン、人事刷新などにあった。これらの政策は、体制の論理を前提とした部分的な改善の試みであり、体制改革という性格を帯びてはいなかったが、幹部の世代交代や欠陥の部分的暴露は、より大きな変化を呼び起こすひとつの要因となった。ブレジネフ世代があまりにも長い期間、主要ポストを占め続けたため、そのすぐ下の世代はあまり活躍の機会のないままに高齢化しており、そのため、一旦世代交代が始まると、短期間に二世代若返るケースが珍しくなかった。新しい世代は、スターリン批判の時期に青年時代を迎えた世代だった。

部分的ながら、一定の経済実験も始まった。一九八三年春のノヴォシビルスク覚書（社会学者のザスラフスカヤ執筆で、非公開だったが、外国にもれた）は「体制内改革派」の主張のひとつの集大成であり、この前後に、この潮流に属する人たちの発言は一層活発になった。

アンドロポフは書記長就任時にすでに腎臓病をわずらっていたが、まもなく定例の政治局会議出席もままならなくなり、病床で仕事をするようになった。一九八三年九月の大韓航空機撃墜事件は、ソ連軍の対応における硬直性、冷戦下での国際的相互不信などの複合的産物だが、最高指導部レヴェルでの統一ある責任体制の欠如をさらけ出した。

一九八四年二月に、アンドロポフは死去した。後継は、またしても高齢のチェルネンコだった（就任時に七十三歳)。彼はブレジネフ人脈であり、高齢と病気のため、積極的な政策イニシアティヴをとることはできなかったが、ゴルバチョフらの若手の台頭をくい止めることもできなかった。ゴルバチョフはこの時期に、事実上の第二書記の座を占めた。

3 ポスト・スターリン期の社会と文化

社会構造の変化

長期にわたる平和および安定の持続は、ソヴィエト体制下ではじめてのことである。この国は、二十世紀前半を通じて、絶え間ない大変動の繰り返しに特徴づけられてきたが、そうした過去と対比するとき、対外的に本格戦争がなかったうえ、国内的にも相対的な安定の時代が長期間継続したことは、はじめての経験だった。

そうした相対的安定のなかで、社会の長期的な変化が漸次的に進行した。都市化(革命当時に人口の八割をこえていた農村人口は一九六〇年代に半数を割り、その後も低下し続けた)、および教育普及は社会の性格を深部で変えた。上部における規律弛緩の反射的効果として、事実上「自由な」空間が拡大し、統制の空洞化にともなって、事実上の多元化傾向が進行した。革命と戦争によって彩られる「英雄時代」は去り、それにかわって、私生活を大事にし、イデオロギーや政治よりも非政治的な文学・芸術の世界に沈潜する風潮が広まった。青年のあいだでのアングラ文化の流行（ロック、ヒッピー、フーリガンなど）はその象徴である。デタントとの関係で、西欧文化流入への統制もやや緩められ、コーラやジーンズなどの消費文化が流入した。

この時期には、出生率低下およびそれと関連した人口増停滞がみられた。出生率低下は女性の就労拡大とも関係している。第二次世界大戦中に生まれた薄い層が一九六〇年代後半に出産年齢に差しかかったという事情もこれに重なった。アルコール消費増大の影響も、人口動態に悪影響をおよぼした。幼児死亡率の上昇、男性の平均寿命の低下などといった現象が生じたが、それをめぐる公然たる討論は抑制され、統計の公表度も低下した。こうした背景のもとで、家族強化・出生奨励がより一層強調されるようになった。

文化——統制と抵抗

「雪解け」はとくに歴史と文学の領域で先行した。政治指導部による上からのスターリン批判という情勢を利用しつつ、それを下から支え、突き上げようとする動きが知識人によって展開された。歴史家は、早い時期から「歴史の見直し」に着手した。他方、正統派歴史家の「党派性」強調も残り、綱引きが続いた。ソ連史上の多くの論点について、ジグザグの過程を辿りながら、歴史の再検討が進

異論派文化人　論集『メトロポリ』を出した文化人たち。中央，白い上着の女性は詩人のアフマドゥリナ。

められた。ブハーリン未亡人らはブハーリンの名誉回復を申請し、攻防の象徴となった(結局、この時期には認められなかった)。

文学界では、スターリン死去の直後から変化の兆しがあった。「雪解け」ということばを一躍有名にしたエレンブルクの同題の小説(第一部は一九五四年、第二部は五六年)に続いて、ドゥジンツェフ『パンのみで生きるにあらず』(一九五六年)、ヴォズネセンスキーなどが続々登場した。エフトゥシェンコは第二次スターリン批判の時期に『スターリンの後継者たち』を書いた。「怒れる若者たち」の世代(アクショーノフら)がこれに続いた。

文学への政治的規制の代表例として、パステルナーク『ドクトル・ジヴァゴ』をめぐる経緯がある。ソヴィエト政権に批判的な立場を明らかにしたこの小説は国内では刊行できず、イタリアで一九五七年に刊行された。五八年十月にノーベル文学賞授賞が決定されると、ソ連当局は組織的なパステルナーク攻撃を展開し(作家同盟除名など)、本人にノーベル賞受賞を辞退させた。

ソルジェニーツィンは一九六二年に『イヴァン・デニーソヴィチの一日』でデビューした。彼を世に送り出したのは『ノーヴイ・ミール(新世界)』編集長のトヴァルドフスキーであり、この作品はフルシチョフの決断で掲載が決定された。その後、彼のいくつかの作品が公刊されたが、しだいに圧力が強まり、作品掲載ができなくなった。

ブレジネフ期に「雪解け」からの後退が進行するなかで、ソルジェニーツィンは第四回作家同盟大会(六六年五月)への手紙で、検閲廃止と批判への反論権を要求した。六九年十一月に作家同盟はソルジェニーツィンを除名した。『ノーヴイ・ミール』への圧力も強まり、トヴァルドフスキーは辞任を余儀なくされた(七〇年二月)。七〇年にソルジェニーツィンへのノーベル文学賞授賞が報じられると彼への圧力は一層強まり、七三年『収容所群島』の国外出版を契機に、七四年二月の国外追放へといたった。彼と相前後して、多くの文化人が追放されたり、出国したりした(作家のマクシモフ、アクショーノフ、文芸批評家のシニャフスキー、チェリスト・指揮者のロストロポーヴィチなど)。

このような表の世界での統制強化と対照的に、アングラ文化は隆盛を続けた。後者は、部分的には表の世界にまで浸透しつつあった。その例として、タガンカ劇場とヴィソツキー(俳優・シンガーソングライター)を挙げることができる。

公的に刊行される文学世界のなかでの注目すべき潮流として、農村の荒廃を描く「農村派」文学の活躍がある(アブラーモフ、シュクシン、ベローフ、ラスプーチン、モジャーエフら)。これはロシア・ナショナリズムないしネオ・スラヴ派の台頭の文化面でのあらわれだった。農村派作家たちは表面的には非政治的であり、異論派の主流をなした都会派・西欧派とは異なっており、体制内で一応許容されていた。しかし、工業化による伝統破壊を告発するという意味では、根本的なところで暗に体制を否定しているという面もあった。

社会科学の領域においても、自由な研究の試みとイデオロギー統制の綱引きが続いた。スターリン時代には存在自体が「ブルジョワ的」なものとみなされていた社会学は、スターリンの死後に徐々に復活をとげた。しかし、一九六八年のプラハ介入以降、イデオロギー統制強化が明確になった。学問への政治統制には、トラペズニコフ(六五〜八三年の期間、党中央委員会科学・教育機関部長)の役割が大きかった。社会学に関しては七〇年代初頭に厳しい引き締めがあり、一時の活発さを失った。歴史学の分野ではネクリチ、ダニーロフ、ゲフテル、ヴォロブーエフらへの迫害がよく知られている。スターリン時代の犠牲者の名誉回復も停止された。

しかし、その後も、外見的に厳しい統制が空洞化・形骸化する傾向もあり、批判的な独自の研究はなくならなかった。大胆すぎる発言でにらまれた学者も、いくつかの研究所に「避難所」を求めることができた。それらの研究所は体制内改革派の拠点となり、のちのペレストロイカをひそかに準備した。

第十一章　ペレストロイカの時代

1　ペレストロイカの開始

ゴルバチョフの登場とペレストロイカ始動

一九八五年三月、チェルネンコ書記長が死去し、後継者としてゴルバチョフが選出された。ゴルバチョフ政権の最初期には、アンドロポフ期に続いて規律引き締め、人事刷新などの方策がとられた。この時期を象徴する政策として、反アルコール・キャンペーンの展開がある。経済面では「加速」が初期の中心スローガンだった。また、初歩的なグラスノスチ（公開性・情報公開）と活動スタイルの変化も清新な印象を与えた。しかし、これらは、本格的変化というよりはその予感にとどまった。「ペレストロイカ（建て直し）」ということばがしだいに頻繁に使われ出したが、その内容は不明確だった。

対外面での変化の開始は比較的早く、シェワルナッゼ外相の起用（一九八五年七月）以降、「新思考」

ソ連の雑誌　ロシア・ソ連では古くから「厚い雑誌」の伝統があり，人文知識人の社会への影響も大きかった。

外交が展開された。八五年七月末には、すべての核実験の一方的停止が発表された。「ヨーロッパ共通の家」「合理的十分性」などの新しい概念がつぎつぎと提起された。グローバルな問題の解決のためには東西対決よりも協力・和解が必要だということが強調され出した。

一九八六年春から初夏の時期に、一連の政策変化が明確になった。ひとつの大きな契機となったのは、チェルノブイリ原子力発電所の事故(四月二十六日)である。事故直後の当局の対応は鈍く、情報公開も遅れがちだったが、そのことへの反省を経てグラスノスチが拡大し、それにともなって改革政策も本格化し始めた。改革の必要性を説くゴルバチョフの語調もしだいに強いものになり、七月末のハバロフスク演説では、「ペレストロイカを革命といってもよい」と述べた。

同年夏から秋の一連の新政策は、のちに比べればささやかだが、当時としては新鮮な印象を与えた。一例として、北方およびシベリアの河川を中央アジア灌漑《かんがい》のために転流させる計画が、シベリアの生態系を破壊するなどの理由で停止された。これは、中央レヴェルで正式決定されていたプロジェクトが反対運動の圧力で取り消されたという経緯が注目された。経済面では、貿易改革、個人営業奨励などが始まった。秋には一連の雑誌編集長の交代があり、グラスノスチが本格化した。『モスクワ・ニュース』『アガニョーク』などの新聞・雑誌が以後のペレストロイカ進展に果たした役割は非常に大きかった。

さらに一歩を踏み出したのは、一九八七年一月の党中央委員会総会の選挙改革論である。もっとも、この時点では本格的な選挙改革には抵抗があり、さしあたっては部分的な改革にとどまった。「新思考」外交もこの年に本格化した。同年秋に刊行されたゴルバチョフの著書『ペレストロイカ』は「全人類的価値」を強調し、事実上、「階級的価値」の棚上げをはかった。十二月にゴルバチョフは訪米し、米ソ首脳会談でINF(中距離核兵器)全廃協定が調印された。

十月には、エリツィン・モスクワ市党委員会第一書記がリガチョフ政治局員を攻撃し、ゴルバチョフは後者をかばってエリツィンを解任するという事件が起きた。これは指導部内での亀裂が表に出た最初の例である。エリツィンが当時から「急進改革」の立場に立っていたかどうかには疑問の余地があるが、ともかく失脚させられたことによって「殉教者」的地位にまつり上げられ、のちに彼が「英雄」となる要因となった。

続いて一九八八年三月に、『ソヴィエツカヤ・ロシア』紙に、「原則を譲ることはできない」と題する文章(ニーナ・アンドレーエヴァ執筆)が掲載された。これは体裁としては一読者の投書だが、長大かつ系統的な論文で、ひとつの見解の表明というにとどまらず、保守派の政治的宣言という性格を帯びていた。このとき外国にいたゴルバチョフはモスクワ帰還後、政治局会議でアンドレーエヴァ書簡に反論し、改革促進のキャンペーンを展開した。

ペレストロイカは基本的には「上からの改革」という性格をもって始まったが、同時に「下から」の自発的な動きをも奨励したので、自立的な発言や運動もしだいにあらわれた。大量の「非公式団体」が登場し、とくに青年が多数参加した。「非公式団体」の性格は多様だが、その一部から、やがて「野党」的な政治運動もあらわれることになる。

ペレストロイカをもっとも早い段階から反映して、社会全体に活性化をもたらしたのは、言論界の変化である。言論の自由化にともない、各新聞・雑誌の個性が明確になった。知識人のあいだでの討論も活発化した。そのひとつの焦点として、「歴史の見直し」も広がった。当初は一九六〇年代の議論への回帰といった程度の水準だったが、やがてそれをこえて、レーニンやロシア革命そのものの見直しまで射程に入れるようになった。八七年十一月にゴルバチョフがおこなった革命七〇周年の演説は微温的なものだったが、それが権威ある公式見解として歴史家に押しつけられることはなかった。懸案だったブハーリンの名誉回復は八八年二月に実現した。

経済改革への着手

最初期の経済政策は規律強化と「加速」政策が中心だったが、経済体制の型を変えないままでの「加速」政策はかえって経済実態の悪化を招いた。一九八六年夏ごろより、とりあえず周辺的な部分から経済改革が着手され始めた。ひとつには、対外経済面で、個別企業に自主貿易権が付与されたり、合弁企業の制約が緩められたりした。もうひとつには、個人営業と協同組合が容認され、さらには奨励されるようになった。その早い時期の象徴は八六年十一月の個人営業法である。

経済システムの中枢たる国有企業制度改革に一歩を踏み出したのは、一九八七年六月採択の国有企業法である(八八年一月から施行)。この改革は、国有企業の独立採算制化を大きな柱としていた。中央管理機関から企業に下ろされる義務的指標は原則廃止となった。また、労働者自主管理の要素として企業長選挙制も導入された。もっとも、自主管理論は一部の理論家に注目された割には実効性が乏しく、静かに後景に退いていった。

理論面では、しだいに市場導入論が優勢になっていったが、それが価格改革・失業・所得格差拡大などの副産物をともなうことから、その具体化には大衆レヴェルの抵抗が大きかった。とくに深刻だったのは価格改訂問題である。多くの物資の価格が長期間据え置かれてきたので、引き上げの不可避性は明白だったが、一挙に物価を引き上げれば大衆の生活水準を引き下げ、深刻な社会不安の種となりかねないというディレンマがあり、なかなか手をつけることができなかった。

一九八八年五月採択の協同組合法は国有企業法よりも国家規制の度合が低く、経済改革の前進と評価された。協同組合というかたちをとった事実上の私企業に近いものも現出した。もっとも、協同組合への官僚的統制があっただけでなく、一般大衆のあいだでも、高価格や協同組合営業者の高収入への反発があった。

2 ペレストロイカの急進化

政治制度改革

第一九回党協議会（一九八八年六〜七月）は、ペレストロイカの重点を政治改革に移行させ、これを受けて政治制度改革はこの年の後半に具体化された。党機構については、党中央委員会の部の数が大幅に減らされ、党機構専従職員の規模も削減された。「党内民主化」の一環として、中央による地方組織への統制も弱められたが、そのことは結果的に、ゴルバチョフ指導部に不満な保守勢力が地方組織の一部を基盤に結集することを可能にするという副産物をもたらした。

ペレストロイカ期の政治改革で注目すべきなのは、むしろ党以上に国家制度の大きな改革が進められ、権力の重心が後者に移行し始めたことである。一九八八年末の憲法改正による選挙制度とソヴィエト制度の変更は、一定の留保つきながら、「ソヴィエトの議会化」をもたらした。複数候補での競争的選挙が導入され、全面自由選挙とはいえないまでも、かなりの程度それに近づいた。人民代議員大会の創設とならんで、最高会議の常設会議化という重要な変化が持ち込まれた。これまでの形骸化したソヴィエトが、実質審議の可能な「議会」に変貌し始めた。

政治制度改革は、政治理念の大きな変更を含意していた。「ソヴィエトの議会化」は権力分立論の採用をともなっていた。「法治国家」論、「多元主義《プルラリズム》」論、「市民社会」論なども台頭した。「全権力をソヴィエトへ」というスローガンが盛んに使われたが、そこには、スターリン的歪曲をこうむる前の原初のソヴィエトの復興という考えもあれば、「ソヴィエトの議会化」を前提に、原初のソヴィエトとは異質の、立法機関としてのソヴィエト＝議会強化、すなわち権力分立を前提としたうえでの行政にたいする立法の統制（法治主義）という考えを込める論者もあった。こうした両様の解釈を許容するスローガンが多用されたのは、レーニンの名を利用しつつレーニン主義から遠ざかろうとする当時のペレストロイカ路線を象徴していた。

一九八九年春の人民代議員選挙は、完全自由選挙とまではいえないものの、各地で複数の候補が名乗りをあげ、競争的な選挙となった点で画期的な意味をもった。モスクワの場合、党機構による反エリツィン・キャンペーンが逆効果となり、エリツィンは得票率九割弱という圧勝をおさめた。バルト三国では人民戦線が進出した。レニングラード、モスクワその他各地で、党役員が大量に落選した。

科学アカデミーの選挙では、サハロフを締め出そうとする試みが逆効果となり、彼を含む多数の改革派候補が当選した。もっとも、全国的にみれば地域差が大きく、変化のおよばなかった地域も多かった。このときの選挙制度に関して急進改革派から批判された点として、本選挙の前に予備選挙で候補がしぼられる制度や、社会団体枠——党、労働組合、コムソモール、創作家同盟、科学者団体などに一定数の議席を保障する制度——があった。こうした批判を受けて、八九年末の共和国選挙制度改正と翌年の共和国選挙はより自由度の高いものとなった。

五～六月の第一回人民代議員大会はソ連史上かつてない活発な討論を展開した。大会の模様はテレビで全国に実況中継され、国民の政治への関心をかき立てた。大会の場で、急進派の「地域間代議員グループ」が結成されたことは、「野党」的組織の登場を意味した。大会で選ばれた最高会議は、それまでとは性格を一新して、常設議会となった。代議員の八割以上は共産党員だったが、党としての規律が緩んだため、重要問題をめぐって票が割れるのは常態となった。議会における法案審議には混乱も多く、効率的に立法を進めることはできなかったが、それは政治改革が不十分だったからというだけではなく、むしろ民主化初期段階における素朴な民主主義の「過剰」という面もあった。

国内の政治改革と歩調を合わせて、冷戦終焉へ向けての外交攻勢も進展した。一九八八年五月末から六月初頭、強烈な反共主義者で「タカ派」とのイメージのあったレーガン米大統領が訪ソして、大歓迎を受けた。彼はかつてソ連を「悪の帝国」と呼んでいたが、今はそう考えないと発言した。年末

「民主派」のデモ　スローガンを掲げデモ行進する急進民主組織の市民。モスクワ，1990年２月25日。

のゴルバチョフの国連演説は、「国家間関係の脱イデオロギー化」「例外なしの選択の自由」を謳い、二年以内の兵力五〇万人削減、東欧からの六戦車師団撤退を約束した。アフガニスタン問題についても、八八年二月のゴルバチョフ声明に基づいて五月に撤兵が開始され、八九年二月に完了した。

政治改革急進化とその矛盾

初期のペレストロイカは「上からの改革」という性格が濃かったが、選挙と新しい議会での討論を経て、大衆が政治に巻き込まれる度合が増大した。労働者の政治参加は一九八九年夏の炭鉱ストに象徴された。バルト三国などでは、大衆運動としての人民戦線が登場した。他方では、保守勢力の動きも公然化し、中央委員会総会が開かれるたびに、あからさまなゴルバチョフ批判が専従党活動家層から噴出するようになった。

権力が連邦レヴェルから共和国レヴェルへの分散化を強めていくなかで、連邦制死守を最大の目標とする動きが強まった。

大衆の政治参加増大の両義性を示すものとして、このころから、「ポピュリズム（大衆迎合主義）」ということばが盛んに使われるようになった。これはある意味で、「民主化」の負の副産物ともいえる。一九九〇年五月末にロシア共和国最高会議議長に選出されたエリツィンはその象徴である。彼は「民主派」のチャンピオンとして振る舞っていたが、同時に、ポピュリスト的デマゴーグという性格がつきまとっており、そのことがエリツィン評価の微妙さに反映した。

このような政治改革の困難が認識されるなかで、「民主主義への中間段階としての権威主義」の必要性という議論が提起された。この立場に立つ論者（ミグラニャン、クリャムキンら）によれば、独裁から民主主義への移行は時間のかかるものであり、強いてそれを急ぐとポピュリズムに陥るので、その危険を避けるためには、過渡的な権威主義段階が必要だとされた。これは批判的知識人のなかから出された議論だが、「政治的民主化を急ぐよりも当面は権威主義を」という挑発的な主張なので、大論争を呼んだ。

ソ連での改革急進化と平行して、東欧激変が展開した。東欧改革は単なるペレストロイカの波及とはいえないが、ともかくペレストロイカが加速要因となり、とくにブレジネフ・ドクトリンの放棄が大きな役割を果たした。一九八九年にはポーランドとハンガリーで「円卓会議」が開かれ、八月にはポーランドで「連帯」系のマゾヴェツキが首相となった。これをソ連が容認したことは、ブレジネフ・ドクトリン放棄を事実をもって確証した。これ以後、東欧各国で怒濤の勢いで政治変動が展開した(十一月にベルリンの壁崩壊)。十二月のマルタ会談後の米ソ両首脳共同の記者会見で、ゴルバチョフは「われわれはともに冷戦の終焉を確認した」と発言した。これは一面では「新思考」外交のピークだったが、他面では新たな不安と模索の幕開けでもあった。

東欧諸国では、社会主義改革の試みは短時間に脱社会主義に転化した。これにたいし、ソ連では一九八九年ころまで、「社会主義」シンボルはまだ肯定的にとらえられており、脱社会主義を唱える者はほとんどいなかった。しかし、東欧激動がソ連にも影響し、またペレストロイカが短期的効果をあげないことへの苛立ちともあいまって、ソ連でも脱社会主義論が高まり出した。

複数政党制と大統領制

ペレストロイカのなかでも共産党の一党支配は不動の前提条件と当初考えられていたが、多元主義《プルラリズム》論普及はついに複数政党制論をも登場させた。萌芽的問題提起はペレストロイカ初期にもあったが、一九八九年には大きな広がりを帯びた。複数政党制の問題は社会民主主義への評価とも関連していたが、ゴルバチョフは八九年十一月の論文で「人道的・民主的社会主義」を掲げ、事実上の共産主義棚上げ、社会民主主義への接近を示唆した。もっとも、この時点のゴルバチョフは即時の複数政党制化を拒否したが、これはタイミングの問題であり、原則としての拒否ではなかった。

　複数政党制を正式に承認する決断がなされたのは、一九九〇年二月と三月の党中央委員会総会およびそれに引き続く第三回人民代議員大会においてである。共産党の指導的役割を定めた憲法第六条が改正されて複数政党制が承認され、同時に大統領制が導入された。なお、このときの憲法改正によれば、大統領は本来国民からの直接選挙によるが、初代に限り人民代議員大会で選出とされた。このときゴルバチョフが直接選挙でなく大会で選ばれたことは、彼の権力基盤を弱める要因となった。

　大統領制導入は、ゴルバチョフが共産党書記長としてよりもむしろ大統領として統治することを可能にし、権力の重心を党から国家へ移行させることをめざしていた。実際、党政治局の開催頻度は低下し、党機構の地盤低下は明らかだった。しかし、それに反発した党機構は巻き返しをはかり、ゴルバチョフへの圧力を強めた。大統領府の整備もなかなか進まず、大統領権力は実効的に行使されなかった。こうして、権力の解体状況が始まった。

　ともあれ、複数政党制と大統領制の導入によって、政治制度改革はひとつの大きな山をこえた。法制面では、これを受けて政治改革を本格的に定着させる努力が前進をみた。一九九〇年六月の出版法、十月の社会団体法と宗教団体法はその代表例である。

　複数政党制が原則的に認められたあとも、さしあたっての力関係としては、ガリヴァー的に大きな共産党が極度に小さいミニ政党と対峙し、権力を独占するという構図が続いた。新政党は、数だけからいえば「雨後の筍」のごとく多数誕生したが、実体のある本格的政党はほとんどできなかった。他方、共産党は政権党として残ったが、その正統性は大きく傷ついた。とくに争点となったのは、国家機構・企業における党組織存在の問題、また共産党資産の国有化問題だった。

共産党内でも分岐が拡大した。第二十八回共産党大会(一九九〇年七月)へ向けて、中央委員会政綱案、「民主政綱」、「マルクス主義政綱」という三通りの政綱案が提出され、党内の亀裂があらわとなった。ロシア共和国共産党が保守派の組織的拠点として創立されたことも政治闘争激化の一要因となった。大会の場では、改革派系の指導者たちへの批判の発言が噴出した。激論のあとに妥協的決着がつけられ、ゴルバチョフが書記長にとどまることになった。これはゴルバチョフの一応の「勝利」であるかにみえたが、同時に、彼の手を縛ることにもなった。

市場経済化論の広がりと経済実態の悪化

従来の経済改革論の主流は、市場と社会主義の両立論に立っていたが、ペレストロイカ後期には、市場経済を機能させるためには私的所有を含む所有制改革が必要だとの主張が提起され、急速に有力となった。企業賃貸制、協同組合、株式会社、合弁企業など多様な形態の並存による混合的経済体制への移行が議論された。

一九八九年末から九〇年前半にかけては、賃貸基本法(八九年十一月)、土地基本法(九〇年二月)、所有法（三月）、企業法（六月）、株式会社規程（六月）などがつぎつぎと制定された。生産手段の私的所有についても、曖昧な表現ながら一応認める方向に向かいつつあった。九〇年五月にはルイシコフ政府によって、価格改革を含む経済改革プログラムが提示された。しかし、価格引き上げが大衆的反発を招き、政治家たちはみなその着手をためらったため、これは撤回された。

連邦中央とロシア共和国の対抗と協調の微妙な関係のなかで、七月末にゴルバチョフはロシア政権に歩み寄り、エリツィンとの共同指令で、経済改革プログラム――「シャターリン案」あるいは「五〇〇日案」――作成に踏み切った。連邦政府はこれとは別に独自の改革プログラムを作成したので、二通りの案が競合することになった。どちらの案も基本目標は市場経済への移行とする点で共通したが、「五〇〇日案」は共和国を改革推進の主体とし、連邦政府案は連邦を主体と想定するという点に違いがあった。秋の最高会議で二案が審議に付せられ、ゴルバチョフは当初「五〇〇日案」に傾いていたが、連邦政府からの抵抗が強かったため、その採択を見送り、結局、折衷案が採択された。この折衷案採択は、急進改革派からは市場移行の否定だと解釈され、激しく攻撃されたが、この時期の対抗はもはや市場移行の是非にはなかった。このころまでに、体制中枢の経済官僚層――少なくともその一部――は、市場移行を基本的にはくつがえしがたい流れとみて、そのなかでの生き残りを模索し始めていたからである。

経済改革構想の急進化と裏腹に、経済実績はペレストロイカ期を通じて低落し続けた。旧システムはさまざまな非合理性を含みつつも、ともかく数十年間それなりに機能してきたが、経済改革の初歩的着手はその副産物としてむしろ混乱を拡大した。賃金所得上昇にともなう買いだめの増大は物不足を一層激化させ、インフレが顕在化し始めた。経済改革のひとつの柱としての企業の自主性拡大は、独占状態が変わらない以上、寄生的な利潤追求、レントシーキング行動を強めた。公害反対運動やストライキ・暴動の影響による生産低下もあった。各共和国・地域の指導者は、自己の統治地域から物資が流出するのを行政的に抑止し、共和国間の経済戦争と流通の分断が始まった。

他面では、ペレストロイカ進展にともなう期待の増大により、期待と現実のギャップが増大した。一般に、人々の不満は単純に生活水準の高さと反比例するわけではなく、むしろ期待の大きさに比例する。全般的沈滞期にはあきらめから無気力に陥り、現状を消極的に受容していた人たちも、部分的な改善あるいはその期待によって元気づけられると期待を拡大し、現実がそれに追いつかないとき、不満を募らせる。ペレストロイカ期に生じたのは、典型的にこうした現象だった。

3　連邦体制の動揺

連邦再編の試みと民族問題

一九八八年にバルト諸国をはじめとして各地の人民戦線が登場し、独自の民族運動を繰り広げ始めた。これらの運動は、当初はペレストロイカ支持を掲げており、体制内的性格のものとして始まった。人民戦線のなかには共産党員も多数含まれており、「独立」「連邦脱退」といったスローガンも、当初から公然と掲げられることはめったになかった。

一九八八年末のソ連憲法改正案討論に際して、これによって共和国の権限が縮小されるのではないかという声がバルト三国、サカルトヴェロ（ロシア語風にはグルジア、英語風にはジョージア。本章および次章ではグルジアと表記する）などであがった。もっとも、このときの憲法改正は連邦＝共和国関係に直接ふれるものではなかったから、中央の主観的意図に即していう限り、この危惧は過剰反応ともいうべきものだった。ただ、文言に曖昧な箇所があり、批判を招く余地があったため、ゴルバチョフは憲法改正案を一部修正して、共和国からの反発をやわらげると同時に、今回の憲法改正は政治改革の第一段階であり、続く第二段階において連邦制の改革に進むことを約束した。こうして、連邦制再編の問題が大きく浮上した。

一九八九年には、連邦制再編をめぐる議論が活発化した。とくに重要なのは、フェデレーション（連邦）とコンフェデレーション（国家連合）をめぐる論争である。従来「ソ連邦（同盟）」はフェデレーションと解釈されてきたが、それをコンフェデレーション化すべきだという要求がバルトなどから出てきた。これにたいし、ゴルバチョフ指導部は、それまで形骸化していた連邦（フェデレーション）を真の連邦に変えようという方針を示し、コンフェデレーション化は拒否した。また同盟条約（「連邦条約」とも訳されるが、本章では「同盟条約」とする）再締結論もバルトなどから提起されたが、当時の中央はこれを不要として無視した。のちに、中央も同盟条約締結論に転じるが、そのころにはバルトはもはや完全独立論をとっており、締結に応じなかった。

一九八九年九月には共産党中央委員会総会が民族問題政綱を採択したが、急進化しつつあった共和国の運動を満足させることはできなかった。中央による連邦制改革案の明確な提示が遅れているあいだに、各共和国は独自改革へ動き出した。エストニア（一九八八年十一月十六日）を皮切りに、八九年のうちにリトアニア、ラトヴィア、アゼルバイジャン、グルジアがつぎつぎと主権宣言を採択した。

一九九〇年には、各共和国で最高会議選挙がおこなわれ、新政権が発足した（何月かは共和国によって異なる）。今回の共和国選挙は前年の連邦選挙よりも一層本格的な自由選挙であり、さらなる政治変動が進行した。いくつかの共和国では共産党に対抗する「民主派」ないし「民族派」が政権を握ったし、共産党が権力を守ったところでも、競争選挙をくぐり抜けた政権として連邦中央にたいする独自主張を強め出した。こうした共和国政権成立を前提に、バルト三国はリトアニア(三月十一日)を先頭に独立宣言を採択した。以前の主権宣言はソ連の一部という前提のうえでの権限分配が問題だったのにたいし、独立宣言はソ連からの独立を謳うものであり、中央との対立はこれまで以上に非妥協的なものとなった。バルト以外でも、グルジア、モルドヴァ、アルメニアの政権が独立論をとった。

連邦中央を窮地に追い込んだのは、独立派の共和国だけではない。そのほかの共和国も、六月十二日のロシアを先頭として、主権宣言をつぎつぎと採択し、「主権のパレード」と呼ばれる状況になった。主権宣言は独立宣言と違ってソ連内にとどまることを前提するものだとはいえ、多くの共和国が共和国法の連邦法にたいする優位を主張して、連邦法と矛盾する法的決定をつぎつぎと採択したため、「法律の戦争」といわれる状態が現出した。

こうして遠心化が強まるなかで、中央としても具体的な対応を打ち出すことが迫られた。一九九〇年三月の大統領制導入はその第一歩である。同盟条約の結び直しをめざすという姿勢も、このころにようやくはっきりした。四月には、共和国のソ連邦離脱手続き法、連邦と共和国の権限区分法、言語法などがあいついで採択された。これらの法律は、それまでに比べれば分権化を志向していたが、独立ないしコンフェデレーション化を求める共和国の目からは不十分とみなされた。初夏以降、一時、リトアニアへの経済制裁解除に象徴される歩み寄りの空気があらわれた。しかし、中央とバルト三国の交渉は入り口で難航し、成果をあげられなかった。連邦政権(ゴルバチョフ)とロシア政権(エリツィ

ザカフカース（南コーカサス）

ン）のあいだでも接近と再反発が繰り返され、協力の試みは実らなかった。

　同盟条約の作成作業は一九九〇年秋に本格化し、十一月には第一次案が公表された。国名については何度も変わったが、この時点での案としては「社会主義」の語を除いた「主権ソヴィエト共和国同盟（ソユーズ）」とされていた。その総則は、人権、市民社会、所有形態選択の自由、法治国家といった理念を謳い、社会主義的色彩はほとんどなかった。

共和国の動向——ザカフカースの場合

　ソ連を構成していた諸共和国は、それぞれに独自の動きを示した。ザカフカース（南コーカサス）に位置するグルジア、アルメニア、アゼルバイジャンでも目まぐるしい政治過程が展開し、のちの独立への背景をかたちづくった。

グルジアはソヴィエト化の過程およびソ連邦結成時における中央との軋轢《あつれき》がとくに大きく、反中央意識がもともと強かった。もうひとつの問題として、内部に自治地域(アブハジア、南オセチア、アジャール)を抱え、グルジア民族主義とアブハジア民族主義、オセチア民族主義の対抗関係があった。とくにアブハジアの運動がペレストロイカ初期に拡大し、これへの対抗のなかでグルジア民族主義運動も高まった。一九八九年四月、平和的大衆集会を軍が解散させようとして大量の死傷者が出て(トビリシ事件)、民族運動を一挙に過熱させた。複数政党制の正式承認を待たずに多くの野党が事実上発生したばかりでなく、グルジア共産党も民族路線に接近し、独立論を掲げるようになった。共和国最高会議も二一年のソヴィエト政権樹立を不法とする憲法改正(事実上の主権宣言)を八九年十一月に、そして九〇年三月には国家主権擁護の宣言を採択した。

グルジアの諸政党は「独立」という目標では一致したが、にもかかわらず、相互に協力するよりも分立しがちで、諸党派間の対抗関係が深刻化した。非合法武装集団も登場し、政治闘争はしばしば暴力的な形態をとった。一九九〇年秋の最高会議選挙では、「円卓会議＝自由グルジア」が大勝し、その指導者ズヴィヤド・ガムサフルディアが政権の座について、九一年四月には独立宣言を採択した。彼は有名な作家コンスタンチン・ガムサフルディアの息子であり、古くからの反体制活動家として知名度が高かったので、当初は圧倒的支持を博したが、政権に就くと権威主義的統治手法に走ったことが多くの勢力から批判された。

アルメニアとアゼルバイジャンでは、ナゴルノ＝カラバフ自治州（人口の約四分の三がアルメニア人）のアゼルバイジャン共和国からアルメニア共和国への帰属替えを要求する動きから紛争が始まった。アルメニア人の運動に対抗してアゼルバイジャン人の民族運動も高まった。一九八八年二月末にスムガイトでアルメニア人襲撃事件が起き、大量の死傷者が出た。これ以降、一挙に紛争はエスカレートし、泥沼化した。とくに、双方における大量の難民の発生が運動の過激化を招いた。

アルメニアの大衆運動の矛先は第一次的にはアゼルバイジャンに向けられており、モスクワがナゴルノ＝カラバフ問題をアルメニアに有利に解決してくれるのではないかという期待があった。しかし、その期待が満たされなかったため、モスクワへの幻滅から独立論が高まった。一九九〇年初夏の共和国選挙で、「アルメニア全民族運動」が勝利をおさめ、テル＝ペトロシャンの率いる民族政権が成立した。この新政権は基本目標としては独立論をとったが、敵対的なトルコとアゼルバイジャンに挟まれているという地政的事情から、相対的には穏健であり、モスクワとの対話を維持した。八月には、「独立国家の確立過程の開始」が宣言された。

アゼルバイジャンでは、アルメニアのナゴルノ＝カラバフ移管要求への対抗を主要課題として大衆運動が始まった。中央および共産党政権にたいしても不信が広がり、人民戦線などの民族運動が急進化した。アルメニアにたいする鉄道封鎖もおこなわれた。大衆運動高揚のなかで共和国主権要求が提出され、共産党もこれに同調して、共和国最高会議は一九八九年九月に主権宣言を採択した。

一九九〇年一月、アゼルバイジャン人によるアルメニア人の大量虐殺が起き、それを抑止するためという名目で、ソ連軍がバクーに入った。しかし、そのタイミングが遅かったため、ソ連軍介入はアルメニア人保護のためというよりもむしろアゼルバイジャン人民戦線弾圧のためという性格を帯びた。このバクー事件はアゼルバイジャン人のあいだに深い中央不信を植えつけた。しかし、運動の組織性が弱かったため、その後しばらく大衆運動は鎮静化した。九〇年秋の共和国選挙では共産党(ムタリボフ党第一書記・大統領)が勝利し、人民戦線はわずかの議席しか取れなかった。とはいえ、ムタリボフ政権も民族運動の暗黙の圧力を感じないわけにはいかず、自ら民族主義化の傾向を示すようになった。

ロシアの主権宣言

ソ連邦におけるロシアの位置は、中心的存在でありながら、同時に、独自の被害者意識をもつという逆説があった。ひとつには、バルト三国に比べれば生活水準が低く、文化・教育度も低いことへの不満と劣等感があり、また中央アジアなどの後進地域にたいしては、ロシアが損をしながら援助しているという被害者意識をもっていた。こうした背景から、連邦にたいしてロシア固有の利害を主張するロシア・ナショナリズムが登場した。ロシアの位置の両義性と関係して、ロシア・ナショナリズムにも保守的傾向のものと体制批判的傾向のものの双方があったが、ペレストロイカ前半期には保守派がロシア・シンボルを先に利用し始めた。しかし、一九九〇年春のロシア共和国選挙のなかで、「民主派」もロシアの独自利害擁護を掲げ、ロシア・シンボルをどちらが取り込むかという対抗構図が現出した。

ロシア人民代議員大会では、「民主ロシア」ブロックと「ロシア共産主義者」ブロックが対抗し、最高会議議長選出は難航したが、五月末にエリツィンが選出され、「民主派」政権が発足した。続いて六月には主権宣言が採択された。これは、具体的案文については論争があったものの、最終的にはほぼ満場一致の採択であり、ロシア・シンボルが保革対抗をこえた結集軸となったことを示した。

ほぼ時を同じくして、ロシア共和国共産党が創立された。従来、一五共和国のうちロシア共和国にだけ独自の党機関がなかったが、ほかの民族の独自主張の高まりへの対抗として、ロシアにも自らの党機関が必要だという声が強まった。そのイニシアティヴをとったのは保守的・民族主義的傾向の部分であり、保守派のニューリーダーと目されていたポロスコフが第一書記となった。

ロシア共和国の内部には多数の民族地域があり、連邦を苦しめたロシア自身が内部の同種の問題に苦しめられるという「入れ子構造」状況があった。ロシア共和国の主権宣言に刺激されて、自治共和国・自治州がつぎつぎと「主権宣言」を発し、「共和国」を名乗った。その要求は自治共和国から連邦構成共和国への昇格が主であり、ソ連からの独立論ではなく、むしろソ連邦維持を前提としていた。当時のエリツィン・ロシア最高会議議長は、内部の民族地域を抱き込むために、自治共和国が自発的にロシア共和国に委ねる権限のみを受け取るという態度を表明したが、のちに、このエリツィン発言は内部共和国の分離運動をあおる失言とみなされるようになった。

タタール自治共和国では、かねてより連邦構成共和国への昇格要求があり、それがペレストロイカ期に広がった。もっとも、タタール人とロシア人とが約四割ずつという人口事情もあり、急進的民族運動はあまり伸びず、むしろ現地の共産党組織がタタール人の急進的民族運動とロシア人の運動のあいだを縫うかたちで、主権化要求の主唱者として振る舞った。一九九〇年八月末に主権宣言が採択され、九一年六月にはシャイミエフ(現地の共産党指導者)が共和国大統領に選出された。

4 行き詰まりからソ連の終焉へ

ペレストロイカの行き詰まりと転機

一九九〇年秋から九一年初頭にかけての時期は「保守勢力」の勢いが強まった時期として特徴づけられることが多い。もっとも、ここでいう「保守」とは、旧来の社会主義体制を固守するという意味では必ずしもなく、むしろ秩序維持のための国家権力強化、そして連邦解体をくい止めて連邦を死守するという点に重点があった。国家権力が弱体化し、社会的紛争や犯罪が激増して、「強い腕」を望む発想が広まりつつあったことがその背景にあった。連邦維持をめぐる政治対立が絶頂に達するなかで、連邦死守派の勢いが強まった。彼らはゴルバチョフに強い圧力をかけ、ゴルバチョフも一時的にこの潮流に歩み寄る態度をとった。

国際情勢もゴルバチョフの立場を弱くした。一九八九年までは、冷戦終焉は東西の相互接近・和解によって実現されるものと想定されていたが、九〇年になると、「相互和解」ではなく「一方的敗退」という様相が濃くなったからである。ドイツ統一が「西への吸収合併」というかたちになり、統一ドイツのNATO残留をも認めざるを得なくなったこと(十月三日に実現)、また湾岸危機に際してソ連は国際政治上のイニシアティヴをとることができず、アメリカ主導のイラク制裁に受身的に追随するほかなかったことがそれを象徴する。この時期以降、「新思考」外交について、屈辱的敗北という受け止め方が急激に増えた。

第四回人民代議員大会(一九九〇年十二月)では、独立派共和国の代議員が欠席したこともあって、連邦死守派の発言が目立ち、国家権力強化論の高まりを示した。こうした状況のなかで、シェワルナッゼは「独裁の危険が迫っている」と指摘して、外務大臣を辞任した。

一九九一年一月、リトアニアのヴィリニュスとラトヴィアのリガであいついで連邦軍・内務省特別部隊と民族派政権支持勢力のあいだの衝突が起き、流血の事態となった。この衝突のなかで、リトアニア、ラトヴィアそれぞれの「救国委員会」なる団体が登場し、権力掌握を宣言した。これは、合法的な共和国政権を軍事力で転覆しようとする試みという意味をもった。しかし、結局、これはゴルバチョフによって公認されず、共和国政権転覆は実現しなかった。

こうして「保守化」が絶頂に達したかにみえたが、この時期の「保守派」は、複数政党制や市場経済といった原則を否定することはもはやなくなっており、それよりもむしろ秩序崩壊のくい止め、国家権力と規律の再確立を最大限に強調した。チリのピノチェトを理想化してモデルとする議論がささやかれたことに示されるように、当時の「保守」は共産体制復古というよりもむしろ「開発独裁」的な権威主義という性格を帯びつつあった。

和解の試み

三月十七日、連邦維持に関する国民投票がおこなわれた。独立派の六共和国がボイコットしたが、ともかく全体としては圧倒的に連邦維持が支持された。これと同じ日に、ロシアでは大統領制導入をめぐる国民投票がおこなわれ、これも多数の支持を得て可決された。連邦国民投票可決はゴルバチョフの一応の勝利を意味し、ロシア国民投票可決はエリツィンの勝利を意味したから、両者がともに勝ったという奇妙なかたちになったが、ともかくこれによって両者の歩み寄りの基盤ができた。

和解の試みを象徴するのが、四月二十三日のいわゆる「九プラス一の合意」——独立派を除く九つの共和国の首脳とゴルバチョフ大統領の合意——である。これは、政治対決から協調への転換の道を開こうとする試みだったが、政治的分極化継続のなかでのきわどい綱渡りだった。同時期の共産党中央委員会総会ではゴルバチョフ書記長解任の動きが相当強かった。

六月にはロシア共和国の大統領選挙がおこなわれ、エリツィンが当選した。これを契機として、ゴルバチョフはエリツィンへの歩み寄りをさらに強めた。この接近はまた、七月に予定されたロンドン・サミットへのゴルバチョフ参加問題および欧米諸国の経済援助問題とも連動していた。欧米諸国はゴルバチョフとエリツィンの協調をうながし、両者の連携を前提とした援助を提案していたからである。

共和国首脳に権限を譲るというゴルバチョフの譲歩は連邦政府・議会の頭越しにおこなわれ、連邦政府・議会の権限を大きく削減するものだったから、彼らはこれに強く反発した。六月には、パヴロフ首相が大統領権限の一部を首相に移すよう要求し、ヤゾフ国防相、クリュチコフKGB議長、プーゴ内相がこれを支持した。七月にエリツィンが国家機関内での政党組織および活動を禁じるロシア大統領令を発したことも政治対抗を一層強めた。

七月の共産党中央委員会総会にゴルバチョフが提出した新綱領案は、「共産主義」の語をほとんど使わず、事実上の社会民主主義化をめざすものだった。十二月に臨時党大会を開いてこの綱領を正式に採択するという日程が提案された。ゴルバチョフとしては、その大会で共産党を社会民主党に転化させ、それに反対する勢力と分裂するというシナリオを目論んでいたものと思われる。しかし、このシナリオが実現する時間はもはやなかった。

ゴルバチョフとエリツィンの勢力逆転　ロシア共和国最高会議で，ゴルバチョフ・ソ連大統領の演説をさえぎるエリツィン・ロシア共和国大統領。1991年８月23日。

同盟条約案の練り直しの過程では、ゴルバチョフの共和国にたいする譲歩が続いた。結局、七月末のゴルバチョフ、エリツィン、ナザルバエフの秘密会談で第四次案が確定された。この密談で、同盟条約調印直後に連邦政府を再編し、現在の要人を更迭することも合意された。この密談をKGBが盗聴したことがクーデタの直接の引き金になった。

一九九一年八月政変

同盟条約調印予定日(八月二十日)直前の十八日夕方、クーデタ首謀者たちの何人かが、クリミアで休暇中のゴルバチョフをおとずれ、大統領権限をヤナーエフ副大統領に譲ること、非常事態導入宣言に署名することを要求した。ゴルバチョフがこれを拒んだため、彼を別荘に軟禁状態にし、クーデタ決行に踏み切った。

十九日早朝に発せられた非常事態国家委員会の声明は、共産党にも社会主義にもまったく言及せず、「秩序維持」を最優先するものだった。秩序を回復しつつ改革は続けるとも述べており、少なくとも表向きの文言としては、ペレストロイカ以前の体制への復帰をめざそうとするものではなかった。クーデタは共産党の名においてではなく副大統領(=大統領代行)・首相をはじめとする国家機関役職者の名においておこなわれた。いうなれば、「イデオロギー的クーデタ」ではなく「普通の軍事クーデタ」としての性格を帯びていた。首謀者たちの軍事的準備も決意も不明瞭であり、あっけない腰くだけによってクーデタは幕を閉じた。

クーデタに対抗するロシア権力の動きは、独自の革命に転化した。対決は「連邦 対 ロシア」というかたちをとり、この対峙を通して、一挙にロシアが連邦にたいする優位を占めるようになった。同時に、「ロシア! ロシア!」の大合唱に示されるロシア・ナショナリズムが噴出した。

連邦にたいするロシアの勝利と並行して、共産党にたいする在野勢力の勝利という意味での「革命」も同時に進行した。エリツィンは二十三日にロシア領土内での共産党の活動を一時停止させる大統領令を出した。その時点ではただちに党を解散させることに消極的だったゴルバチョフも、まもなく流れに抗しがたいことを悟り、二十四日に、共産党書記長辞任と中央委員会解散の勧告を発表した。茫然自失していた党は、その時点では何ら抵抗することもできず、自然崩壊に向かった。十一月には、エリツィンの大統領令で共産党解散が指示された。

クーデタの渦中に、エストニアとラトヴィアは即時独立を宣言し(リトアニアはもともと即時独立論だったから、その必要はなかった)、ロシア共和国はこれをただちに承認した(ソ連としても九月六日に承認)。そのほかの共和国も、ウクライナを先頭に、独立宣言をあいついで採択した。ウクライナの独立には、「ソ連からの独立」ということと「ロシアからの独立」ということがまじり合っていた。前者だけであれば、ソヴィエト体制を払拭した新しいスラヴ連合もあり得るが、実際にはそれにとどまらず、ロシアとの関係を切ってヨーロッパに接近しようとする傾向——いわば「脱露入欧」志向——もあらわれた。ウクライナのロシアとの対立の萌芽は、八月政変直後にエリツィンが、独立する国とのあいだで国境再調整の必要があると発言したことに示された。この発言はロシアの領土要求と受け取られ、ウクライナやカザフスタンでは強い憤激が示された。とりあえずは国境改訂論をロシアが取り下げて対立は収拾されたが、対立の底流は残った。

アルメニアは、八月政変後、かねてより準備していた独立国民投票を九月に実施したが、同時に、連邦(同盟)再編がこれまでよりも一層分権的な方向に進むのなら、独立国同士の緩やかな結合として再生ソ連をとらえることができるとして、連邦(同盟)再編作業に参加するようになった。他方、グルジアでは、ガムサフルディア大統領がクーデタ時にモスクワの要求に屈したのではないかとの疑惑が生じたため、一挙に反ガムサフルディア運動が高まり、騒然たる情勢が出現した。この情勢は一旦収拾されたが、年末に本格的内戦にいたる。

九月の臨時第五回ソ連人民代議員大会は、同盟条約をこれまでよりも分権的なものに練り直して締結すること、同盟条約によって新しい構造が確立するまでの「過渡期」の権力構造をつくることなどを決定した。人民代議員大会は事実上廃止となり、最高会議も構成を一新して、両院とも共和国議会からの代表派遣となった。連邦内閣のかわりに、共和国間経済委員会が設置された。こうした再編により、連邦の国家機関は一挙に弱体化し、共和国の連絡機関的な役割に変容した。

ソ連邦の解体

九～十二月の時期の政治の中軸をなしたのは、連邦再編か解体かをめぐる政治闘争である。とくにロシアの選択――連邦全体としての改革の主導か、ロシア一国路線か――が決定的な意味をもった。もともと連邦権力とロシア権力の対抗は民族的対抗ではなく、政治路線上の差異によっていたから、連邦レヴェルの権力をも「民主派」が握るなら、対抗は解消し、両者が一体となってロシアの主導下で改革を推進するという道が考えられたが、これにたいして、ほかの共和国を切り捨ててロシア一国だけで改革を進めるべきだとする潮流(「一国資本主義」論)が急速に台頭した。後者を主張する人々(ブルブリスら)は、ほかの共和国を抱え込むのはロシアにとって経済的に重荷と考えた。

各共和国の政治的関係とは別に、経済関係の再編は独自の課題となった。経済同盟あるいは経済共同体が模索されたが、その具体的形態をめぐる対立が激しかったため、合意はなかなか形成されなかった。十月に経済共同体条約が八ヵ国によって調印され、十一月にはウクライナ、モルドヴァも加わって一〇ヵ国となったが、その具体化は難航した。

政治同盟に関しては、従来からの同盟条約構想よりもさらに分権的な連合の構想が追求された。ゴルバチョフは、それまで退けていたコンフェデレーション論を取り入れ、つくられるべき「主権国家同盟」はコンフェデレーションあるいは「コンフェデレーション的国家」だとした。多くの中央官庁の廃止が合意され、その大部分がロシアに移管された。こうして、この時期にはすでに事実上の国家連合化が進んでいた。ただし、ゴルバチョフは自らの地位確保のため、直接選挙の大統領職設置にこだわり、この点でエリツィンと激しく対立した。

ウクライナでは、十二月一日の独立国民投票と大統領選挙をひかえて、大統領候補はみな民族主義色を強め、独立賛成を強く訴えた。そのため、ウクライナは同盟条約案作成作業にも参加しなかった。結局、独立国民投票は約九割の賛成率で可決され、大統領にはクラフチュークが当選した。

十二月七〜八日、ベラルーシのミンスクおよびベロヴェジャ森に、ロシア、ウクライナ、ベラルーシ三国の首脳が集まり、ソ連解体および独立国家共同体(CIS)発足を合意した。この発表は、これら三者だけによる一方的な決定であり、カザフスタンのナザルバエフは、自分たちが無視されたことに不快の念を表明した。しかし、彼はそうした不満を述べたうえで、既成事実は受け入れるしかないとして、CIS合流の態度をとり、これを受けて中央アジア諸国はアシハバード会議でCISへの合流を合意した。ただ、その際に、ベロヴェジャ会談における中央アジア無視への不満を表明し、一定の留保をつけようとした。

二十一日、カザフスタンのアルマアタ(アルマトゥイ)にスラヴ三国、中央アジア五国、アルメニア、アゼルバイジャン、モルドヴァの一一ヵ国代表が集まり、正式にＣＩＳ結成が確認された。これはソ連解体を確定的事実とした。連邦大統領の場はなくなり、ゴルバチョフは一九九一年十二月二十五日に辞任した。

第十二章　ロシア連邦

1　ソ連解体直後の混乱

CISの出発

ＣＩＳ（独立国家共同体）とは何かについては、もともと明確な合意がなく、完全解体までの一時的ステップとする国もあれば、新しい同盟の出発点と考える国もあった。ロシアは、一方で旧ソ連諸国の「宗主国」意識があり、統合を維持したいという考えがあったが、他方では、経済力の弱い諸国を抱え込むのは負担だという統合消極論もあり、統一された方針がなかった。このような基本的合意の欠如は一九九二年初頭からただちに明らかとなり、遠心化が進行した。

ＣＩＳ加盟の正式決定もいくつかの国では大幅に遅れた。アゼルバイジャンはエリチベイ政権時代の一九九二年十月にＣＩＳ結成協定を批准しないということを一旦決定した（九三年九月に、アリエフ政権下で改めて加盟決定)。モルドヴァも長く加盟協定を批准できず、非加盟となるかにみえたが、九四年四月に批准した。グルジア(現地語風にはサカルトヴェロ、英語風にはジョージア)は当初は非加盟だったが、九三年十月に新規加盟を申請した(九四年三月批准)。こうして、ようやく九四年春になって、バルト三国を除く全一二ヵ国の参加が確定したが、さまざまな文書ごとに調印国が違っており、「加盟」ということの意味はそれぞれの国ごとに異なっていた。

ソ連から独立した諸国は、さまざまな問題に直面した。市場経済移行をめざしつつも、それは難航し、むしろ経済の長期低迷を経験していること、制度上の「民主化」の陰で権威主義的統治手法がとられがちであることは、大多数の体制転換諸国に共通する。旧ソ連諸国の場合、これに、「国家」の枠の確定とそれに照応した「国民」形成という課題がつけ加わった。国境・領土をめぐる紛争や、新しい「国」の内と外にまたがった紛争が各地で起きた。グルジアのなかの南オセチアおよびアブハジアの紛争、アゼルバイジャンとアルメニアのあいだでのナゴルノ＝カラバフ紛争、モルドヴァのなかの沿ドニエストル地域およびガガウス人地域での紛争、タジキスタン内戦はその代表的なものである。これらの多くは一九九〇年代半ばごろまでに停戦に向かったが、一部はのちに再燃した。

ロシアにおける新しい政治闘争

共産党支配の崩壊にともない、結集軸を失った「民主派」はただちに分解を始め、複雑な離合集散を経験した。一九九一年末から九二年前半にかけて、三つの異なった契機から政権と袂（たもと）を分かった潮流が「中道」派を形成した。まず、「民主派」のなかでソ連解体に批判的態度をとり、「民主＝愛国」路線を唱える部分が「民主ロシア」から分裂し、ルツコイ副大統領もこれに合流した。第二に、議会と政府の権限争いがもとで、ハズブラートフ最高会議議長が激しく政府を批判した。第三に、経済政策との関係で、産業界からも政権批判が強まった。これらの政権批判勢力の多くは、元来「民主派」政権の内部ないしその周辺から出てきたものだが、政権との対抗が強まるなかで、しだいに野党色を強めていった。

共産党非合法化のあとに生まれた社会主義政党のなかには、社会民主主義への転化を掲げるもの、共産主義原理主義の党、愛国主義に接近する部分など多様な潮流があった。ロシア連邦共産党再建大会(一九九三年二月)で主導権をとったのは、愛国主義を強調する部分であり、その代表であるジュガーノフが委員長に選ばれた。

ロシアのアイデンティティ危機が多くの人に感じられるなかで、「愛国」の理念はさまざまな潮流に共有された。もっとも遠いとみられる「民主派」のなかにも、「愛国」の理念を敵にとられないために自ら「愛国」シンボルを掲げようとする動きがあったし、「中道派」も社会主義勢力も「愛国」を掲げた。このように、どの潮流も「愛国」を大なり小なり唱えたが、それらのなかでもとくにこの論点を強調する勢力が「愛国派」と呼ばれた。そのすべてが露骨に排外的で拡張主義的とは限らないが、一部にはそのような潮流（ジリノフスキーの自由民主党など）もあった。

一九九二〜九三年の政治力学の展開として、共産党再建派と排外的愛国派とが接近して野党連合の核をつくり、そこに、中道派の一部も合流した。エリツィン政権は、九二年半ば以降、一方では経済政策・外交政策ともに微修正をはかり、人事面でも中道派系の政治家の一部を取り込むなどして、中道派からの批判をかわそうとしたが、他方では、中道派のうちの政権批判をやめない部分にたいしては強い対決姿勢をとり、二極分化の構図をつくろうとした。九三年三月にエリツィンが憲法手続きを無視して宣言した「特別統治」導入は、諸政治勢力の強い反発を招いたため、エリツィンは一歩後退して、これを取り消した。四月には、大統領信任などを問う国民投票がおこなわれ、低投票率ながら大統領は一応信任された。

九月二十一日、エリツィンは大統領令で、人民代議員大会・最高会議を解散させ、暫定的な大統領統治を導入するという、一種の「上からのクーデタ」に打って出た。猛反発した議会側はエリツィン大統領罷免とルツコイ副大統領の大統領代行任命を決定した。憲法裁判所も大統領令を違憲とする決定を下した。一部の人民代議員は議会ビルに籠城し、政府は議会ビルの電気・電話・水道などを切ってこれに対抗した。憲法裁判所、地方代表などが妥協的収拾を工作したが、エリツィンはこれに応じなかった。議会支持勢力のうちの強硬派が衝突事件を起こしたのがきっかけで緊迫が高まり、十月四日、ついに政府側は議会ビルを砲撃した。

議会砲撃　新生ロシアにおける政府と議会の対立は1993年秋に絶頂に達し，議会ビルへの砲撃を含む武力衝突・大量流血にまでいたった。

九月二十一日の大統領令を受け、地方ソヴィエトの解散、地方行政長官の任命制、各級の権力機構および新代議機関に関する選挙規程などが、いずれも大統領令で定められた。憲法案についても、大統領のイニシアティヴで新しい案が提示され、国民投票にかけられた。この憲法案は、強い大統領制が特徴であり、大統領は広汎な人事権、議会解散権などをもち、ほとんど何の制約もなく大統領令を出すことができる。議会は下院（国家ドゥーマ）と上院（連邦会議）の二院制であり、前者は小選挙区・比例選挙並立制、後者は連邦主体（州・地方・共和国・自治州・自治管区・特別市）の議会および行政府の代表から構成されることとなった。

十二月十二日、議会選挙と憲法投票が同時におこなわれた。公式発表で、投票率五五％、憲法案賛成五八％だった（のちに、実は投票率は五割を切っていたという説もあらわれた）。議会選挙では、極右の自由民主党と共産党が躍進した。

ショック療法と私有化

ペレストロイカ期における経済改革論の広がりの結果、ソ連解体のころまでに、市場移行という一般論についてはほぼ合意が形成されていたが、問題はその具体的方法にあった。初期に最大の争点となったのは、いわゆる「ショック療法」の是非である。「ショック療法」とは、IMFおよび各国が経済援助供与の条件として一連の政策課題の実行を迫るものであり、具体的には、政府の経済介入の極小化と一挙の価格自由化、通貨安定などを最優先の課題とする。不況と大量失業が不可避だが、それを耐えしのぶなら、そのあとは市場の自動回復機構が働くと期待するものである。問題は、社会がこの「ショック」に耐えるかどうかという点であり、実際には、「ショック」への不満の表明が高まったために、一九九二年半ば以降、事実上の政策修正がはかられるようになった。

経済改革のもうひとつの柱は国有企業の私有化である。その方法にはいくつかのヴァリエーションがあったが、どの方式をとるにせよ、国民みなが資本家になれるわけではない以上、誰が資本家になるのかという原理的な問題があった。ロシアにおける大企業の私有化は一九九三年以降に本格化したが、企業の資産価値は安く評価され、「投げ売り」の様相を呈した。額面一万ルーブリの「私有化クーポン」が全国民に一枚ずつ無償分配され、それが株式購入にあてられた。国有企業の株式会社化に際しては、多くの場合、従業員および経営者が大きな比率の株を獲得したが、このことは結局、企業の運営が経営者に任される傾向をもたらした。これは「インサイダー私有化」と呼ばれた。九四年半ばに、クーポンによる私有化が完了し、以後は通貨による株式取得へ移行した。

ソ連解体直後は経済の混乱と落ち込みがピークに達し、急性インフレと大幅な生産減が続いた。最初の五年間に国内総生産(GDP)は約三分の二となり、投資は一九九七年に九〇年の四分の一となった。消費者物価は九二〜九六年の通算で二〇〇〇倍以上になった。為替レートは、九一年末の一ドル一六九ルーブリから九六年末の五五六〇ルーブリになった。このように大きな低落が生じたのは、市場経済未確立のなかで指令経済が麻痺し、指令も市場も機能しないという状況になったという基本要因に加え、旧ソ連諸国や東欧諸国との経済結合が分断され、相互補完関係が一時的に断絶したこと、急激な対外経済開放で大半の国産品が輸入品に対抗できなかったといった要因も作用していた。

ロシア連邦内部の民族・地域問題

ソ連解体前後の時期に、ロシア・ナショナリズム高揚に対抗して、ロシア内部の諸民族――タタール、チェチェン、サハ(ヤクート)その他――が主権を求める運動を強めた。もっとも、現実問題としては、大半の民族地域は地政的・経済的に独立の条件を欠くので、分離独立の現実的可能性は低い。そのため、独立論は単なる脅しやレトリックという性格が濃厚であり、独立が本格的な問題となったのはチェチェンのみである。しかし、実際に独立するかどうかは別として、ヴォルガ流域や北カフカースが「ロシアの一部」であるということは、少なくとも自明ではなくなり、ロシア連邦内における共和国の位置づけ・権限について論争が続いた。カザークの再生も民族地域の動向を複雑化させた。ロシア中央では、内部共和国の離反を認めない「単一不可分のロシア」維持論が圧倒的に強まった。ソ連邦を直接構成していた一四共和国には独立を認めたが、内部の諸民族には絶対に自決を認めないという点では、野党も政権もほぼ一致しており、政治潮流をこえた合意が形成された。「民族自決」の原則にたいしても否定論が一挙に高まり、「民族自決」は悪《あ》しきレーニン的観念だという主張もあらわれた。

ソ連解体後のロシア連邦の新しい国家のあり方として、連邦を構成するのは民族か地域か、それと関係して州・地方《クライ》と共和国の二本立てを維持するか一本化するかなどの論点が登場した。共和国が独自の権利の維持・拡大を主張した一方、多くの州・地方は共和国との同権化を要求した。連邦制のあり方を定める基本文書として、一九九二年三月に連邦条約が調印された（チェチェン、タタルスタン両共和国は不参加）が、これは最終決着ではなかった。

一九九三年十月のモスクワにおける武力衝突事件で権力闘争に決着をつけた中央政権は、民族地域にたいして高姿勢に転じた。年末に制定された新憲法は、共和国が「主権」国家であるという文言を含めず、また憲法に連邦条約を含めることをやめ、事実上、連邦条約を反故《ほご》にした。

2　不安定な回復

政界再編

一九九三年末の選挙で新議会が発足し、新しい制度下での政治が始まった。この時期には、経済政策や外交政策について政権が政策を中道寄りに修正したので、政策対立の幅は小さくなった。しかし、そのことは政治対立の解消を意味せず、むしろ基本的には近い政策立場に立つ諸勢力のあいだでの陰にこもった主導権争いが激化した。他方、政権と大きく隔たるかにみえる共産党・農業党と自由民主党は、純然たる反体制勢力というよりも、その議席数を利用して政権と取り引きをおこない、条件つきで政権を支える行動様式をとった。

外交政策についてみると、ソ連解体直後は、エリツィン大統領とコズイレフ外相は親西欧のいわゆる「大西洋主義」、批判派は反西欧のいわゆる「ユーラシア主義」という構図だったが、選挙で右翼愛国派の自由民主党が進出するなかで、政権も愛国路線を取り入れ、「西側最優先」から「東西均衡」路線に転換した。とはいえ、欧米諸国からの援助は不可欠であり、完全な西欧離れではなく中間的な路線が主流となった。

さらなる政界再編をもたらしたのは、一九九五年末の選挙が近づいたことである。エリツィン周辺の思惑として、二大ブロックの形成が試みられた。これは、一方の側に政府関係者を中心とする中道右派、他方の側に穏健社民・労組による中道左派を配する二大政党制という構想である。前者の現実化をめざして、チェルノムイルジン首相を中心とする「われわれの家＝ロシア」が結成された。後者の実現をめざした労組・社民勢力ブロックも一応発足したが、これは失敗に終わった。十二月の下院選挙では、共産党が第一党となり、農業党などの友党をあわせると四割をこえる議席を得た。「われわれの家＝ロシア」は五五議席にとどまったが、無所属議員やほかの中道諸派をあわせれば左派ブロックと拮抗する勢力になった。「民主派」のなかでは「ヤブロコ」が野党色を鮮明にしたおかげでかなりの票を得た。愛国派のなかでは自由民主党が前回よりは落ちたものの相当の票を集めた。

つぎに焦点となったのは、一九九六年六月の大統領選挙である。最初のうちエリツィンは、チェチェンでの失点、健康不安、政権内での亀裂などの弱点を抱え、支持率が非常に低く、再選が危ぶまれた。しかし、選挙が近づくなかで、エリツィンが急速に追い上げた。ひとつには、「第三の候補」(反エリツィン・反ジュガーノフの中道改革派)の統一工作が実らなかったため、ジュガーノフ阻止のためにはエリツィンしかいないというかたちになった。また、現職の強みで、人気取りの政策を矢継ぎ早に打ち出したり、マスメディアへの圧力を強め、地方行政府を集票機構として動員するなどの選挙戦術を展開した。さらに、新興ブルジョワジー・財閥はジュガーノフ当選阻止のために一時的に団結して、エリツィンのために強力な資金援助をおこなった。六月の第一回投票ではエリツィンが一位、ジュガーノフが二位となったが、エリツィン陣営は三位のレーベジ取り込みに成功し、七月の決選投票における当選を確保した。

第二期エリツィン政権のもとでは、エリツィンの健康不安が拡大し、政権内権力闘争(十月にレーベジ解任)など、動揺が続いた。一九九七年三月に経済自由主義派のチュバイスとネムツォフが第一副首相となったあと、旧国有企業・資源産業を基盤とするチェルノムイルジン首相らと、新興金融資本を基盤とするチュバイス、ネムツォフらとの対抗関係が強まった。

外交面では、二度の議会選挙がともに国民のあいだでの「愛国」的気分の強さを示し、どの政治家もこれを無視できないことが確実となった。一九九六年一月、コズイレフ外相からプリマコフへの交代は、現実主義的権力外交への転換を象徴した。この時期、東中欧へのNATO拡大、ボスニア紛争への対応などで米外交との対抗が強まった。しかし、冷戦期のような正面対決ではなく、プラグマティックな利害対立を踏まえた妥協が模索された。九七年五月、エリツィン政権はNATOが反ロシア的性格をもたないという確認のうえで、中欧三国(ポーランド、チェコ、ハンガリー)のNATO加盟を容認した(九九年三月に正式加盟)。

一九九〇年代前半に急落した経済は、九〇年代半ばには落ち込み方が小さくなり、九七年に一旦下げ止まった。しかし、この相対的安定は、九八年の金融危機で揺さぶられた。ルーブリが急落し、銀行の倒産もあいついだ。この九八年経済危機は政治的不安定につながった。三月にチェルノムイルジン内閣が更迭され、キリエンコが首相になったが、八月の金融危機深化のなかでキリエンコ内閣も更迭された。その後、プラグマティストとの風評の高かったプリマコフが首相となった。

チェチェン危機

チェチェン＝イングーシ共和国ではペレストロイカ期にチェチェン民族とイングーシ民族の民族運動が高まりつつあったが、ソ連一九九一年八月政変を契機に、ドゥダーエフの率いるチェチェン民族運動が共和国公式政権を打倒し、権力を奪取した。モスクワのエリツィン政権は当初この革命を歓迎したが、新政権の民族主義色が濃く、ロシアからの独立を謳っていることが明らかになると、モスクワは警戒を示し、チェチェン革命を認めないという態度に転じた。チェチェン民族運動がドゥダーエフを共和国大統領に選出する(九一年十月)と、ロシア中央はさらに硬化し、一時は一触即発の危機がささやかれた。しかし、この時点ではモスクワが一歩後退し、正面衝突は避けられた。

一九九二〜九四年前半のチェチェン情勢は小康状態であり、水面下では和解交渉も試みられていた。しかし、九四年後半、ロシア政権は高姿勢に転じた。八月にはチェチェン内部の反対派がロシアの支援を受けてドゥダーエフ政権に武力攻勢をかけ、十二月にはロシア軍が全面攻撃を開始した。この時期にロシアが軍事攻勢に出たひとつの大きな要因は、石油パイプライン問題にあった。アゼルバイジャンが国際石油資本と提携してカスピ海油田開発に乗り出すなかで、ロシアとしては、アゼルバイジ

チェチェン制圧　イスラム武装勢力の攻撃を受け，装甲車から飛び下りるロシア軍兵士。

ヤンや中央アジアの石油をヨーロッパに引く経路として北カフカース経路を堅持する必要があり、そのためにチェチェン制圧が不可欠だった。

ロシア大統領選挙が近づくなかで、エリツィン政権は一九九六年三月末にチェチェン和平構想を発表した。その直後に、ロシア軍がドゥダーエフを爆殺し、大統領選挙直後には軍事攻勢が再激化するなど、この時点でのロシアの和平への意思は疑わしいものだった。しかし、八〜九月にはレーベジ安全保障会議書記による和平工作が成果をあげ、独立問題を五年間棚上げにしての休戦が実現した。九七年一月初頭にロシア軍は撤退を完了し、下旬のチェチェン大統領選挙ではマスハードフが当選した。

政界のさらなる再編

一九九八年夏に登場したプリマコフ首相は、議会第一党たる共産党の支持も取りつけ、また従来大統領の専権事項だった外交をも掌握し、次期大統領としての呼び声が高くなった。しかし、プリマコフの権力が強まりすぎたことはエリツィンを不安にさせ、九九年五月、プリマコフは解任された。そのつぎの首相となったステパシンは三ヵ月の短命政権で、八月にはプーチンが首相に任命された。

その直後、一時期おさまっていたチェチェン紛争が再燃した。チェチェン・ゲリラの武装闘争がダゲスタンに飛び火し、またモスクワなどで爆弾テロ事件が続いたのを契機に、ロシア政権は「チェチェンを拠点とする国際テロ勢力の掃討」という名目で軍事作戦を展開した。今回の「第二次チェチェン戦争」は、「テロ対策」という大義名分があるため、一九九四〜九六年のときよりも国民にアピールする度合が高く、強硬策を推進するプーチン首相の人気が上がった。

経済がこの時期に好転したこともプーチンを利した。前年の金融危機はバブル的金融資本を淘汰し、またルーブリ切下げで国内産業の競争力回復をもたらすという健全化効果があった。主要輸出品である石油、非鉄金属などの世界価格が上昇したこともロシア経済に幸いした。

一九九九年後半には、年末の下院選挙および翌年の大統領選挙を見据えた政党再編が進んだ。まずルシコフ・モスクワ市長の率いる「祖国」と地方首長たちの結集する「全ロシア」が選挙ブロック「祖国＝全ロシア」を結成し、プリマコフをきたるべき大統領選挙の候補として押し出した。これに対抗して、大統領府周辺(プーチンを次期大統領にしようとする)は選挙ブロック「統一」を形成し、行政府ぐるみでの利権誘導を挺子《てこ》にした選挙戦術を徹底した。新興財閥は、今回は大きく分裂して、別々の勢力を推し、それぞれ傘下のマスメディアを利用して対抗勢力へのネガティヴ・キャンペーンを繰り広げた。

年末の下院選挙の結果、共産党は相対第一党の位置を確保したが、左翼系勢力の合計としてはかなり後退した。「統一」は行政府の強力な梃子入れのおかげで、予想以上の票を集め、相対第二位に浮上した。これにたいし、「祖国＝全ロシア」は「統一」にかなりの差をつけられた。政権獲得の展望を失った「祖国＝全ロシア」は、このあと、急速に腰くだけした。「右派勢力同盟」(キリエンコ、ネムツォフ、ハカマダ、ガイダル)もプーチン支持を打ち出し、一定の議席を得た。

「近隣諸国」との関係

あらたに「外国」となった旧ソ連諸国へのロシアの対応は、対外関係一般には解消されない特殊な意味をもっており、それを象徴して、「近隣諸国」(「近い外国」)という呼び方がされた。ソ連解体の直後には遠心化が一方的に進行したが、その後、ある程度求心化へと向かう動きも出てきた。一九九三年一月には、七ヵ国がＣＩＳ規約(憲章)に調印し、同年九月には経済同盟が発足した。しかし、一挙に求心化・統合が進んだわけではなく、その後も不透明な状況が続いた。

最初期の極端な親欧米路線を放棄したあとのロシア外交は、旧ソ連諸国との関係を重視するようになった。ロシアの対近隣諸国関係重視のひとつの要因として、在外ロシア人の問題がある。ソ連時代末期にロシア共和国の外に住むロシア人の数は二五〇〇万人にのぼったが、彼らは諸共和国の独立にともない、それぞれの地における「外国人」となり、不安定要因になった。それとは別に、旧ソ連内の地域紛争――ナゴルノ＝カラバフ、南オセチア、アブハジア、タジキスタン内戦など――に関し、隣接する「大国」として責任を負うという側面もあった。

経済統合に関しては、一九九三年にCIS経済同盟、九四年に自由貿易圏創設協定が調印されたが、あまり実質的に機能しなかった。これとは別に、九五年一月にロシア、ベラルーシ、カザフスタンの三国で関税同盟が結ばれ、これは九六年三月のCIS統合深化条約につながった（上記三国とキルギスタン、その後タジキスタンも参加）。このような多国間同盟とならんで、九六年四月にはロシアとベラルーシの共同体形成条約が調印された。両国の同盟は九七年と九九年の条約でより正式のものにされたが、内実は不明確なままにとどまった。

このようなロシア中心の再統合の動きに対抗して、ザカフカースでは、トルコを経由したパイプラインや鉄道の建設で、ロシアを通さずに西欧市場と結びつく可能性が探られ、アゼルバイジャンとグルジアがトルコ、アメリカと結んでロシア、アルメニアと対抗する図式がつくられようとした。グルジア、ウクライナ、アゼルバイジャン、モルドヴァの頭文字をとったGUAM同盟（その後、ウズベキスタンも加わってGUUAM）も発足した。こうして、CIS諸国は、ロシアを中心とする諸国の統合とそれに対抗する諸国の同盟に二極分解するかにみえたが、これは確定的なものではなく、その後、GUUAMは当初の勢いを失った。

3　世紀の境に立つロシア

プーチン時代の始まり

一九九九年末の下院選挙結果をみた直後、エリツィンは突如、期限前に辞任し、二〇〇〇年六月に予定されていた大統領選挙は三月に繰り上がった。これはプーチン首相が「大統領代行」として選挙を迎えるということを意味し、彼の当選をほぼ確実なものとした。これをみて、多くの政治勢力は「勝ち馬に乗る」ためにつぎつぎとプーチン支持を打ち出し、農業党から右派勢力同盟まで、ほとんど総与党化現象を呈した。「祖国＝全ロシア」も分解し、かなりの部分が政権にすり寄った。

三月の大統領選挙では、プーチンは第一回投票で五三％を獲得し、決選を待たずに当選した。五月に正式就任したプーチン大統領は、高い支持率と総与党的状況に支えられて、一連の新しい政策を打ち出した。その第一は、地方制度改革である。まず八九連邦主体を七つの行政管区に分け、各管区への大統領特使を任命した。また、上院議員を地方首長が兼ねる制度をやめ、地方首長が上院議員であるためにもつ特権を剝奪した。このような地方制度改革は、エリツィン時代の分権化が行きすぎたのにたいし、統一的行政を樹立するためと説明された。

プーチン政権はまた、寡頭《かとう》資本家（オリガルヒ）とりわけグシンスキー、ベレゾフスキーとの対決姿勢を示した。政権側の説明としては、オリガルヒによるマスメディア独占と政治介入への対決とされたが、政権に批判的なマスメディアの独立性を奪うものだとの批判もあった。二〇〇一年末に、「統一」と「祖国＝全ロシア」が合同して、与党たる大政党「統一＝祖国」(通称「統一ロシア」)が誕生したことはプーチンの政治基盤をより強固なものにした。

経済政策では、二〇〇〇〜〇一年の税制改革は、減税と簡素化(所得税の累進制廃止)によって、徴税率上昇をはかった。大きな課題として、電気、ガス、鉄道などの国家独占事業の民営化問題があり、利権をめぐる政治闘争の焦点となった。〇一年九月には懸案の土地法典が成立し、非農業用地の売買が自由化された。全体として、プーチンは市場経済を支える法制の斉一化と実効的統治を目標として「強い国家」を強調した。そのような政策のもと、二十一世紀初頭のロシア経済はかなり高い成長を記録した。もっとも、これは石油価格上昇という外的要因に助けられたものであり、なお不安定要因が残った。

外交面では、一九九〇年代末にはCISにおけるロシアの影響力の後退傾向がみられたが、プーチンは精力的に巻き返しを試みた。中国、北朝鮮、キューバなどかつてのソ連同盟国との関係も再強化されたが、これは、かつてのイデオロギー的な同盟やその後の逆転を経たうえで、脱イデオロギー化した国家間関係として位置づけられるようになった。二〇〇一年九月のアメリカにおける同時多発テロ事件以後、プーチン政権はアメリカの「対テロ」作戦を是認し、米軍の中央アジアへの到来を容認した。これはアメリカに恩を売ることで、米ロ協調を演出しながらCIS諸国への主導権を貫こうとしたものだが、国内では対米追随との批判もあった。〇二年には、五月にロシア・NATO理事会発足、六月にはロシアのG8完全加盟確定など、国際社会への統合路線がさらに強まった。

現代の社会と文化——自由と混乱

ソ連解体は広汎にわたるアパシーと虚脱感を生み、信念の喪失とエゴイズムの噴出をもたらした。国家権力の弱体化は犯罪を急増させ、なかでも経済のマフィア化と政治テロルの横行が注目された。経済危機と財政支出の引き締めは、医療をはじめとする公共サーヴィス・システムの苦境をもたらした。市場経済化のなかで、有料の高級サーヴィスが登場する一方で、最低線の維持が困難になった。公衆衛生事業も崩壊し、かつてほとんどみられなかった伝染病が発生したりするようになった。社会的危機を象徴するのは、出生率低下と死亡率上昇、人口純減である。出生率低下は長期的サイクルの谷間にあたったせいもあるが、生活難と心理的不安の表現でもあった。死亡率上昇には、自殺・犯罪の増大も関係していた。平均寿命は一九九一年の六十九歳から九四年の六十四歳にまで下がったあと、しばらく横ばいを続けた。とくに男性が低く、一時は五十八歳(女性よりもおよそ十三年ほど短い)という水準にまで下がった(平均寿命はようやく二〇〇五年ごろに回復に向かった)。

宗教面では、ロシア正教会は国民統合の中核としての位置を新政権から期待されたが、旧体制下での政権との癒着が問題にされ、また布教の自由を獲得した多くの新宗派との競合にさらされるという厳しい状況に置かれた。社会的混乱状態のなかで、一部にカルト的な新興宗教の布教も拡大した。そうしたなかで、外国の宗教の布教を制限する宗教法の制定が大きな政治争点となった（紛糾のすえ、一九九七年九月に採択）。教育面では、社会主義時代にはなかった私立学校が登場し、公立学校も一部有料化された。エリート教育による社会的地位上昇への欲求が増大する一方で、経済困難により脱落者（中退者）が増大した。教育の内容においては、脱イデオロギー化と実務への関心の増大が顕著となった。

モスクワの教会再建　1931年にスターリンの命令で爆破された救世主キリスト大聖堂は97年に再建された。

社会における文化・芸術の位置も大きく変動した。旧体制下では、一部の古典芸術は特権を与えられ、豊富な国庫補助を与えられる一方、前衛的なものは冷遇されたばかりか、時として厳しい弾圧に遭ったが、そうした冷遇や統制がかえって反逆精神の持ち主の創作意欲をかき立て、また体制に不満をもつ人々の尊敬を集めたという面もあった。ペレストロイカ期における政治的統制の解除は一時的に爆発的高揚を生み出したが、そのあとには飽和現象が生じ、芸術の社会的地位も低下した。そうした状況に経済低落が追い打ちをかけた。学問への国家予算の大幅削減は研究機関・大学・図書館などの危機的状況を招いた。他方では、諸外国からの学術的支援を含む国際交流が活発化した。危機のなかではあるが、少数の人々による研究の堅持と発展の努力も続けられた。

4　二十一世紀のロシア

プーチン政権第一期および第二期

エリツィンに指名された後継者として二〇〇〇年に大統領となったプーチンは前政権と連続する面をもつと同時に、いくつかの条件変化のもとで、異なった個性を示し出した。経済情勢の好転、また「統一ロシア」という安定与党の成立は、エリツィンが望んでいて実現できなかった実効的統治の回復という目標に近づくことを助けた。対米関係では、エリツィン末期の極度の緊張激化から対米協調へと転じ、アメリカがＡＢＭ（弾道弾迎撃ミサイル）制限条約からの一方的脱退を通告したときも敢えて強く抗議することはしなかった。二〇〇三年のイラク戦争に際してはアメリカの戦争を批判する態度をとり、対米協調からの転換が始まったが、イラク戦争批判という点で独仏と提携したから、「反欧米」になったわけではなかった。

二〇〇三年十二月の下院選挙および翌年三月の大統領選挙は新たな政界再編の契機となった。共産党、「統一ロシア」、自由民主党の三党がほぼ継続して相対優位を占める一方、相対的少数派のうちのヤブロコと「右派勢力同盟」は経済自由主義という点で立場が近かったことから提携を試みた。しかし、ヤブロコが野党の立場を続けるのにたいし、「右派勢力同盟」はプーチン与党の立場をとったため、提携は成立しなかった。選挙に先立って、いくつかの新しい左翼政党が登場して共産党の票を奪ったことは、共産党の後退をもたらし、そのおかげで「統一ロシア」は相対第一党におどり出た。下院選挙の比例区で議席を獲得したのは、「統一ロシア」、共産党、自由民主党、「祖国」(愛国派的傾斜をもつ左翼政党)の四党だけであり、ヤブロコ、「右派勢力同盟」、農業党はいずれも議席を取れなかった(小選挙区で数人が当選したが、会派を結成するには足りなかった)。無所属議員や少数派政党議員の多くが選挙後に「統一ロシア」に入ったため、その総議席数は憲法改正に必要な三〇〇を突破して三〇六議席となった。

このように与党優位が固まった直後におこなわれた大統領選挙では、プーチンが第一回投票で七一%の票を集めて圧勝した。もっとも、「全ての候補に反対」という票がこれまでよりも増えたことは無風選挙への批判の意味をもった。

経済面では国際石油価格の上昇にも支えられて、好調が続いた。ブラジル、インド、中国と並ぶ

「新興諸国」として、ＢＲＩＣｓ（後に南アフリカを加えてＢＲＩＣＳ）と呼ばれ、国際的にも注目を集めた。これは一九九〇年代の経済低迷との鮮明な対照をなし、ロシアの自信回復の重要な背景をなした。

経済と政治の関係で注目を集めたのは、いわゆるオリガルヒ（金融寡頭支配層）である。プーチン初期に何人かのオリガルヒが国外逃亡を余儀なくされ、二〇〇三年夏にはホドルコフスキーが逮捕・起訴されたが、その後に国内に残る部分の多くは政権に忠誠な態度を示すようになった。彼らの支配していたマスメディアは国家の統制下に置かれるようになった。オリガルヒと政権の癒着が深まるなかで、資本と国家の独自な共生構造が生まれ、政権に近い個人が経済的利権を確保するという「強奪経済」の様相を呈し、汚職・腐敗拡大の温床となった。

大統領選挙後の二〇〇四年八月に発表された社会保障改革は、年金生活者、身体障害者、軍人、学生などにたいする公共交通費、家賃、光熱費、医療費などの減免制度を廃止し、その分を現金給付で補償する方針を示した。この改革は現金給付が十分な補償にならない可能性があるため、共産党を中心に大規模な反対運動が起きた。この出来事は、それまで高い支持率を誇ってきたプーチン政権にたいして大衆レヴェルでの反政府運動が起きた最初の例として注目を集めた。これ以降、政権支持率も「統一ロシア」支持率も、一時的例外を除いて長期的低下の趨勢を見せるようになった。

この時期にはまたチェチェン紛争との関係で、各地でテロ事件が起きた。政権側はこれにたいして強硬姿勢で臨み、「見えない敵との戦争」を呼びかけた。このような強硬姿勢に批判的態度をとるマスメディアにたいしては国家的統制が強められた。プーチンのチェチェン政策を激しく批判するジャーナリストのポリトコフスカヤが不審な状況で暗殺されるという事件も起きた(二〇〇六年十月)。

二〇〇四年から〇五年にかけて政党法および選挙法が改正されて、新たな政界再編の条件がつくられた。下院選挙では小選挙区が廃止されて全面比例選挙に移行すると同時に、議席獲得に必要な最低得票率は七%に引き上げられた。弱小政党がブロックを組んで比例選挙に臨むことは認められず、新しい政党の選挙参加には供託金あるいは二〇万以上の署名のどちらかが必要とされた。このような制度はヤブロコや社会民主党のような小政党にとってはきわめて不利である一方、「統一ロシア」、共産党、自由民主党といった既成の大政党を有利にする効果をもった。

そうしたなかで、いくつかの左派政党が合同して「公正ロシア」党が結成された。これは親政府的な「左派」であり、「統一ロシア」がプーチンの右足なら「公正ロシア」は左足になると目された。「公正ロシア」はかつて共産党に属した人々を多く含み、累進税制復活、贅沢品税新設、また企業家への臨時税などを提唱した。二〇〇七年一月には、新しい政党登録手続き施行にともない、登録政党数は大きく減って一七のみとなった。同年十二月の下院選挙の結果は、「統一ロシア」が得票率六四%で三一五議席を獲得し、以下、共産党、自由民主党、「公正ロシア」の順となった。

二〇〇八年に迫った次期大統領選挙をめぐっては、三選禁止条項に従ってプーチンは退陣するのか、それとも三選禁止の廃止かが注目を集めた。当初、さまざまな憶測があったが、下院選挙で「統一ロシア」の勝利が確定したのを受けて、プーチンと「統一ロシア」、「公正ロシア」、農業党、「市民勢力」の四党代表の合意で、メドヴェージェフを候補とすることが決まった。これにたいして、共産党、「右派勢力同盟」、自由民主党はそれぞれの党首を擁立したが、四つの大きな政党が統一候補を立てた以上、結果は事前に明らかだった。

「タンデム」からプーチン再登板へ

二〇〇八年三月の大統領選挙ではメドヴェージェフが七〇％以上の票を集めて圧勝した。彼は五月に正式に就任し、首相にプーチンを指名した。メドヴェージェフ大統領とプーチン首相という組み合わせは「タンデム」(二人乗り自転車のこと)と呼ばれた。このタンデムの内実については、両者は一体であるとの見方、メドヴェージェフのほうが若い分、相対的に柔軟な考えをもっているとの見方、二人の外観上の差異は分業(ロールプレイ)にすぎないとの見方など、さまざまな観測があらわれた。メドヴェージェフは当選後のインタヴューで「法の支配」の意義を強調し、いくつかの政治制度改革――一時期強められた小規模政党への規制を緩め、小政党にも存続の余地を保障する方向性をもつもの――を打ち出した。

メドヴェージェフ政権の最初の試練は、二〇〇八年八月のグルジア戦争というかたちでやってきた。

この戦争はロシアとＮＡＴＯ諸国の緊張を高め、「新しい冷戦」の到来が囁かれた。もっとも、翌年にアメリカで登場したオバマ政権が「リセット」を唱えたことで、一時の緊張はやや緩んだ。極度に悪化したグルジアとの関係もある程度修復に向かった。

経済面では、二〇〇八年九月以降の世界的な金融不安（いわゆるリーマン・ショック）がロシア経済を直撃した。ロシアにおけるＧＤＰの下落は世界的に見ても大きな部類に属した。国際石油価格の急落もロシアにとって大きな打撃となった。その後も、経済危機からの脱出が遅れ、ＢＲＩＣＳからの脱落のおそれさえもささやかれた。石油・ガス輸出への過度の依存、人口減少などが大きな弱点として指摘された。こうした経済低迷は政権支持率の低迷に連動し、政権はそこからの脱却を求めてさまざまな模索を重ねるようになった。

ひとつには、不況からの回復が立ち遅れたとはいえ、ともかくＢＲＩＣＳの一員と数えられたことを利用して、ロシアはこれら諸国の連携強化をめざした。二〇〇九年六月、エカチェリンブルグでの上海協力機構首脳会議にあわせてＢＲＩＣＳ首脳会談が開催され、これ以降は定例化した。他方では、輸入代替を求める長期戦略が発表されたり、石油・ガスへの過度の依存を克服してハイテク化の促進が目指されたりした（アメリカのシリコンバレーに匹敵する技術拠点たらんとするスコルコヴォ先端技術センターは二〇一〇年発足）。とはいえ、これらはいずれもさしたる成果を生み出すことができなかった。

ヤブロコも「右派勢力同盟」も下院で議席を得ることができず、組織された野党がほとんどなくなるなかで、反政府活動家たちのなかには、大衆的支持獲得のためにナショナリストとの提携が必要だと考える「ナツ・デム派」――「民族」と「民主」をあわせた呼称――があらわれた。十一月四日の「国民統一の日」(十七世紀初頭にポーランドからモスクワが解放されたことを祝う記念日)に、極右勢力が「ロシアの行進」という大衆運動を組織したとき、ナツ・デム派もこれに合流した。これに続く「もうひとつのロシア」連合にも、極右とナツ・デム派が参加した。のちに反政府運動の代表格と目されるようになるナワリヌイ――このころからブログ上で特権層や汚職を批判する発信によって注目を集め出した――も「ロシアの行進」に参加し、ナショナリズムへの傾斜を示した。彼は当初ヤブロコに属していたが、ヤブロコは彼のナショナリズム路線を容認せず、除名した。

二〇一〇年四月はカティン事件の七〇周年に当たったが、このときロシア政府はカティンの森における記念式典にトゥスク・ポーランド首相や映画監督ワイダを招待した(ワイダの映画「カティン」もロシアのテレビで放映された)。プーチン首相は、この犯罪に正当化はあり得ないと発言した。他方、ポーランド内政におけるカチンスキ大統領とトゥスク首相の確執と関係して、カチンスキは別個の式典をカティンでおこなおうとしたが、飛行機が墜落して、カチンスキ自身を含む多くの要人が死去するという大惨事が起きた。こうして、この記念日は両国政府レヴェルでの和解と関係改善の努力を象徴する一方、ポーランド国内での政争激化のきっかけとなった。

二〇一一年末に予定された下院選挙および一二年大統領選挙をにらんだ政界再編の動きも徐々に進

行した。そのひとつとして、「正義の事業」という新しい政党が〇八年十一月に結成されたが、これは「統一ロシア」の支持率が低落し、「公正ロシア」も伸び悩むなかで、体制内的な批判勢力を結集して政権を支えようとする思惑によっていた。一一年にこの党の党首となった大富豪のプロホロフは政権の政策の修正を仄めかす発言をおこなったが、これはメドヴェージェフの志向とも近かったことから、「正義の事業」はメドヴェージェフを大統領候補として担ぐのではないかと噂された。他方、プーチンは新たな政治団体として「全ロシア国民戦線」の創立を呼びかけ、この「全ロシア国民戦線」で下院選挙へ向けた予備選挙をおこなうというアイディアを披露した。これは「統一ロシア」の支持率が十分高くないことから、これまで与党的でなかった人たちを巻き込むことをめざす試みだった。国民戦線はその後、エリートの汚職を精力的に暴露していたナワリヌイに対抗して大衆の支持をつなぎ止めるため、政権自らが汚職対策を重視して官製の「反エリート」的運動を組織するという性格も帯びるようになった。

次期大統領候補に関しては、プーチンとメドヴェージェフのどちらも出馬可能性があると観測されていたが、二〇一一年九月の「統一ロシア」大会で、メドヴェージェフは自らは大統領選挙に立候補せず、プーチンを推薦すると表明した。こうして与党の推す次期大統領候補がプーチンと確定したことは、彼よりもメドヴェージェフに体制内改革の期待を託していた人たちの幻滅を招いた。

「統一ロシア」の支持率は経済不振のなかで低迷していたが、「統一ロシア」の次期大統領候補がプーチンと確定したことへの幻滅がこれに重なって、さらに低下した。年末の下院選挙の結果は、「統一ロシア」は得票率四九％で二三八議席にとどまり、前回選挙よりもかなり後退した。野党のうち共産党は前回選挙の五七議席から九二議席へと伸張した。「公正ロシア」も野党色を鮮明にしたおかげで票を伸ばして前回の三八議席から六四議席になった。他方、ヤブロコは三・四％、「正義の事業」は〇・六％で、いずれも議席を得られなかった。

二〇一二年三月の大統領選挙に向かう過程では、プーチン陣営は「統一ロシア」をあまり目立たせず、むしろ「全ロシア国民戦線」を前面に出す戦術をとった。プーチンの選挙本部の長となった映画監督のゴヴォルーヒンは、「統一ロシア」は社会の一部にすぎないが国民戦線は国全体だと述べ、与党への批判的言辞を繰り広げた。プーチンは選挙で六四％を集めて、決選投票を要することなく当選を決めたが、この得票率は前二回の大統領選挙に比べると低めであり、特にモスクワやサンクトペテルブルグで低かった。

このように政権支持率低下傾向のなかで下院選挙と大統領選挙がおこなわれたことは、久しぶりの政権批判運動高揚をもたらした。もっとも、そのなかにはさまざまな傾向が流れ込んでおり、ナショナリスティックな観点からの政権批判や共産党からの政権批判も大きな位置を占めていたから、リベラルな立場が全体を主導したわけではないが、とにかくそれらの運動があわさることで、かなり大きな規模になった。そのなかでナワリヌイの活動はこれまで以上に注目を集めるようになった。

こうした批判運動の高まりを受けて、政権側も一定の対応を示した。退陣前夜のメドヴェージェフが提唱した部分的な政治制度改革案は、再登板したプーチンのもとである程度まで現実化された。その主な内容は、政党登録要件の緩和、大統領選挙立候補のための必要な署名数の引き下げ、下院議員の半数を小選挙区にすること、下院に議席をもたない政党の下院選挙参加の要件としての署名集め制度の廃止、比例区で議席を獲得するためのハードルの七％から五％への引き下げなどからなっていた。

これらの制度改革は政治における競争性を高める方向のものだったが、その一方で、「外国からの干渉」への警戒が強められ、愛国主義イデオロギーの鼓吹が高まった。二〇一二年七月に制定された「外国エイジェント法」は、外国から資金援助を受けている団体の活動に枠をはめるものであり、その規制は次第に強められていった。この時期のプーチンの一連の発言は精神的・文化的・民族的自決の重要性を説いて、保守的イデオロギーを明示的なものとした。そこにおいては、欧米諸国はキリスト教的価値を事実上放棄しようとしているという認識――同性婚やＬＧＢＴへの寛容化を念頭に置いたもの――が示され、むしろ自分たちこそが西欧的価値（＝キリスト教的価値）を守ろうとしているのだとアピールする姿勢がとられた。

国際的緊張と孤立のなかで

二〇一四年のウクライナ危機――キエフにおける「マイダン革命」およびそれを契機としたクリミ

アのロシアへの編入、ドンバス二州における「人民共和国」宣言——は、ロシアが国際的な非難を浴びて孤立するきっかけとなった。ロシアは先進国首脳会談(G8)から排除され、欧米諸国からの経済制裁に遭い、これまでEUを最大の貿易パートナーとしていたロシアのEUとの経済関係は急速に縮小した。その結果、ロシアはその視線を東方に向けざるを得なくなり、中国への依存を深めるようになった。ロシア経済は〇八年以降の低迷から立ち直る暇もないうちに経済制裁に遭ったため、長く経済停滞基調が続くことになった。時を同じくした国際石油価格低下もこれに重なった。

欧米諸国からのロシア非難の高まりと国際的孤立は、国内ではむしろ政権の支持率急上昇をもたらした。クリミアはもともとロシアの領土であり、そのロシアへの「復帰」は、手法はともあれ結論的には支持すべきものだという考えは、日頃プーチンに批判的なゴルバチョフやナワリヌイのような人たちにも分かちもたれ、欧米からの非難はむしろ挙国一致状況を生み出した。それまで趨勢的に低下していた政権支持率は一挙に反転上昇し、八割を超えて九割近い高さになった。他方では、このような挙国一致状況に同調しない少数の政治家や知識人はその活動の余地を狭められた。二〇一五年二月にネムツォフが不審な状況で暗殺された事件は、野党政治家の更なる萎縮を招く結果になった。このころから多くの野党的人物が国外に流出し、言論統制もさらに強められた。

二〇一六年九月の下院選挙では、小選挙区制が再導入されて、並立制の選挙となった。前回選挙で後退した「統一ロシア」は比例区・小選挙区あわせて三四三議席となって、全議席の四分の三を超えた。前回選挙で伸張した共産党と「公正ロシア」は今回は後退した。

二〇一七年はロシア革命一〇〇周年の年だったため、学界やジャーナリズムなどで各種の記念行事がおこなわれたが、政権はロシア革命に関する公式評価を示すことをしなかった。この時期のロシア社会では全般的に愛国主義イデオロギー鼓吹が高まっていたが、一九一七年の革命はロシア愛国主義にとって誇るべき伝統だとする人たちと呪うべき悲劇だとする人たちがいるという現実のなかで、政権はどちらかに肩入れすることを避け、多様な言論の併存を放置した。

高い政権支持率が持続するなかでおこなわれた二〇一八年三月の大統領選挙は無風選挙となり、プーチンは得票率七六%で圧勝した。もっとも、「統一ロシア」による動員はそれほど活発ではなかったし、前回選挙で重視された「全ロシア国民戦線」の役割もあまり大きくなく、プーチンはむしろ「超党派」の体裁をとった選挙戦を展開した。このことは彼の個人的威信の高さを誇示する意味をもったが、その反面、組織的基盤の弱体化を物語った。

大統領選挙で政権の安定を確認した直後の六月に、政府は年金受給開始年齢の引き上げ(男性は六〇歳から六五歳へ、女性は五五歳から六三歳へ)をともなう年金改革計画を発表した。この発表は各地で反対デモや署名運動を呼び起こし、それまで高止まりしていたプーチン政権支持率の再低下のきっかけとなった。反対運動の高揚をみた政権は、女性の受給開始年齢を六三歳ではなく六〇歳とするなどの譲歩を試みたが、支持率の低下傾向は止まらなかった。八割を超えていた支持率は、二〇一八年から二一年にかけて低落し続け、六割前後にまで落ち込んだ。

二〇二〇年三月には、大がかりな憲法改正がおこなわれた(国民投票を経た正式発効は七月)。しかも、当初提案のあとに大幅な追加が提案され、最初のうちは予期されていなかった要素が付け加わるという異例な経過をたどった。当初提案のうち特に注目されたのは、大統領の任期制限規定のなかの「連続して二期まで」という文言から「連続して」の語句が削除されたことである。これは、一旦引退したあとの再登板を否定する趣旨であり、プーチンもメドヴェージェフももはや立候補することができなくなるかにみえた。その一方、国家評議会議長は従来のように大統領が自動的に兼ねるのではないということとなった。こうした改正は、プーチンは大統領から退くかわりに国家評議会議長に横滑りして、「院政」を可能にする目論見をもつかにみえた。

しかし、法案審議中に案文が修正され、今次改憲以前に大統領だった者については以前の任期は参入しないということになり、プーチンの再出馬が可能になった。これは、後継大統領をすんなり決められるとは限らないため、あえてプーチン五選を可能にする余地を残すことになったのではないかとの推測が広まった。その他、対外主権が強調され、領土割譲の呼びかけを禁止する条項が新設され、またイデオロギー的保守化を示す文言が各所に盛り込まれた。伝統的価値観や愛国主義が強調され、「神への理念と信仰を伝えてきた祖先の記憶」、「歴史の真実」の擁護などが憲法に書き込まれた。結婚を異性間のものと確認する条項は、同性婚排除の憲法的確認という意味をもった。

二〇二〇年以降の世界的なコロナ禍はロシアも巻き込んだ。ロシアは独自のワクチン「スプートニク」の開発に成功したが、国民のあいだに信頼があまりなかったため、ワクチン接種は普及せず、感染者数・死亡者数とも国際的に高い水準になった。このようなコロナ禍の深刻化は政治的・社会的不安定を増幅した。

政権支持率が低下し続けるなかでおこなわれた二〇二一年九月の下院選挙では、「統一ロシア」が議席を一九減らす一方、共産党と「公正ロシア」という二つの左派政党が議席を伸ばした。また、「新しい人々」という新興勢力が比例区で五%の壁を越えて一三議席を獲得した。議会におけるこのような変動とは別に、政党組織をもたない政権批判運動として、ナワリヌイを支持する動きも広がった。彼は二〇二〇年八月に不審な状況で中毒症状を呈し、ドイツで治療を受けていたが、翌年一月にドイツから帰国したところをただちに逮捕された。二月に実刑判決が出ると、支持者たちのあいだで大規模な反対運動が起きた。政権から自立した論調を示していた『ノーヴァヤ・ガゼータ』紙のムラトフ編集長に二〇二一年度ノーベル平和賞が授与されたことも、こうした動きの高まりを刺激した。

このように多様なかたちでプーチン政権批判の動きが高まり、体制の不安定化が続くなかで、二〇二一年秋から二二年にかけて、ウクライナをめぐる国際的緊張が急激に高まった。アメリカとロシアは互いに相手が戦争を挑発していると非難し、事態はチキンゲームの様相を呈した。ついに二〇二二年二月二十四日、ロシアはウクライナへの軍事侵攻を開始した。ロシア軍はウクライナの頑強な抵抗に遭い、苦戦を重ねた。国内では、二〇一四年のクリミア編入時のような強い挙国一致状況は生じず、むしろ反戦・厭戦の雰囲気の広がりが見られた。政権は言論統制を強めて反戦運動を封じ込めようとしたが、オリガルヒをはじめとする従来の政権基盤のなかからも戦争遂行への疑問が投げかけられ出した。

この戦争にともない、ロシアは世界の多くの国から強く非難され、国連人権理事会からも追放された。これまでＮＡＴＯに加盟していなかったフィンランドとスウェーデンも加盟の希望を表明するなど、ロシア政権の意図とは裏腹に、ＮＡＴＯの拡大とロシア包囲は一層進行することになった。経済制裁も、二〇一四年よりも本格的で大規模なものとなった。

二〇二二年六月時点で、ロシアは初期の軍事作戦失敗からの必死の巻き返しを試みており、ウクライナ東部・南部に兵力を集中して激しい攻防を続けている。停戦のめどは立たず、戦争は長期的泥沼化の様相を示している。

［校正時の追記］二〇二二年九月、ロシア軍はハルキウ州で大敗を喫した。巻き返しをはかるロシアは、九月二十一日に部分的動員令を発し、また二十三〜二十七日にはドネツィク、ルハンシク、ヘルソン、ザポリッジャの四州で住民投票を強行して、三十日にはこれら四州の併合を宣言した。核兵器の使用もほのめかされている。こうした緊迫のなかで、国内では反戦ないし厭戦の気分が高まる一方、政府の軟弱さや戦争指導の拙劣さを非難する右翼タカ派の言論も目立つようになった（かつて相対的に

柔軟ではないかとの風評のあったメドヴェージェフは強硬派的な発言を繰り返している)。十月になって戦況はますます緊迫し、今後の成り行きは予断を許さない。

補章

周辺諸国の動向

1 ウクライナ・ベラルーシ・モルドヴァ

ウクライナ

独立ウクライナの初代および第二代大統領のクラフチュークとクチマは、ともに共産党から独立派への鞍替え組であり、人口比で重みをもつ東部・南部の票を集めて当選したが、当選後は西部を含めた全国の大統領として振る舞おうとした。そこには、ロシアとの近接性と西方志向の双方を併せもつウクライナの微妙な位置が反映されていた。クリミアおよび黒海艦隊の位置づけをめぐってはロシアとのあいだで論争が続いたが、一九九七年のロシア＝ウクライナ条約でとりあえず一応の決着がついた。

二十一世紀に入ると、三選禁止条項のため再出馬することのできないクチマは「レイムダック」状態となり、それまでクチマにすり寄っていた諸勢力は次期大統領のポストをめぐって激しく対立するようになった。二〇〇四年大統領選挙における主要候補たるユシチェンコとヤヌコヴィチは、元来はともにクチマ政権を支える権力エリートだったが、権力エリート内での分裂が政争を激しいものとした。政治の中心はもはやロシア志向vs西欧志向、東部vs西部という対抗軸ではなくなり、むしろ政治家と癒着した新興ブルジョワジーのあいだの利権争いに焦点が移った。「東か西か」という対抗の意味は決定的ではなかったが、どちらかといえばユシチェンコの方が「西」寄りとみなされたため、欧米諸国は彼の当選を期待する態度をとった。一〇月三十一日の第一回投票および十一月二十一日の決選投票はいずれも僅差だったが、公式発表でヤヌコヴィチ当選とされたことに抗議する大衆運動が広がり、十二月のやり直し選挙の結果、今度はユシチェンコが当選という結果になった。この政治変動はユシチェンコ支持派のシンボル・カラーにちなんで「オレンジ革命」と呼ばれた。

この「革命」を支えた「オレンジ連合」は、ユシチェンコの「われらがウクライナ」と、もう一人のリーダーたるティモシェンコのブロックからなっていたが、この連合はまもなく分裂し、大統領与党は議会少数派となった。世論調査でも「オレンジ革命」への幻滅が広がり、経済実績が思わしくないこと、政治腐敗にメスが入れられていないことなどから、ユシチェンコの支持率は大幅に低下した。

巻き返しをはかったユシチェンコは任期後半にアイデンティティ・ポリティクスを多用するようになった。ロシアから輸入された映画やテレビ番組にウクライナ語の吹き替えが義務化され、クリミアでは裁判でロシア語を用いてもよいという地域的特権が剝奪された。複数存在していた「独立ウクライナ正教会」が政治の梃子《てこ》入れで統一され、ロシア正教会のなかで自治をもつウクライナ正教会と対置された。歴史認識では、一九三〇年代の飢饉はスターリンの圧政によるソ連諸民族共通の悲劇だったという ペレストロイカ期の認識にかえて、ウクライナ人を標的とした民族的ジェノサイドだったとする「ホロドモル」宣伝が繰り広げられた。独ソ戦期に反ソ・パルチザン戦争を遂行したバンデラ派をウクライナ民族の英雄と位置づける宣伝は、バンデラを対ナチ協力者とみなすロシアの激しい憤激を招いた。このようなアイデンティティ・ポリティクスは反ロシア的な急進的民族主義を高揚させる一方、国内の亀裂を深め、ユシチェンコの支持率は回復しなかった。

二〇一〇年の大統領選挙第一回投票では、現職のユシチェンコは第五位にとどまった。一位のヤヌコヴィチと二位のティモシェンコの決選投票の結果、前者が当選した。この選挙は部分的な不正があったとはいえ、全体としては公正なものだったと欧米諸国からも認定された。

ヤヌコヴィチ政権は当初、ロシアと西欧の双方と協調するバランス路線をとろうとしたが、世界的な経済不況のなかでEUとロシアのどちらをとるのかという択一が迫られるなかで、末期にはロシア依存を深めるようになった。汚職腐敗の横行も指摘され、二〇一三年末から一四年初頭にかけて政府批判の大衆運動が高揚した(キエフの中心にある広場の名前にちなんで、「マイダン運動」と呼ばれた)。

もともと平和的な市民運動として出発した反政府運動は、しだいに暴力的様相を濃くした。政権側が強硬な弾圧策をとる一方、暴力に訴える極右勢力が反政府運動のなかに紛れ込むことで、双方の暴力が拡大した。二〇一四年二月二十二日にヤヌコヴィチは国外逃亡し、立憲的手続きに基づかない政権交代が生じた(まずヤツェニュク、ついでトゥルチノフが大統領代行を務め、五月の大統領選挙でポロシェンコが当選)。

キエフにおけるこの政変は、ロシア語系住民の不安感を募らせた。クリミアではロシアへの編入がキエフ政権の抗議を押し切って強行され、ドネツィクおよびルハンシクというドンバス二州では独自の「人民共和国」がつくられた。こののち、二つの「人民共和国」とウクライナ中央政権のあいだで事実上の戦争状態が展開した。その際、ウクライナ中央側でも「人民共和国」およびロシア側でも、ともに政権の統制からはみ出た非公式暴力団体が大きな役割を演じた。こうした戦闘を収めるため、二〇一四年九月および一五年二月のミンスク協定で停戦がはかられた——「ミンスク2」はウクライナ、ロシア、フランス、ドイツの四政府によって調印され、停戦のほか、OSCEによる監視、ドンバス二州への特別の地位付与などが合意された——が、この停戦合意は双方から事実上無視され、戦闘状態が続いた。

二〇一四年五月に大統領となったポロシェンコは「チョコレート王」と呼ばれる実業家であり、ヤヌコヴィチの与党「地域党」に属したことのあるオリガルヒの一員だったが、マイダン革命時には「地域党」から離れていた。彼はもともとナショナリストではなかったが、政権についてからは、急進ナショナリストの支持を集めようとして、ユシチェンコ期のアイデンティティ・ポリティクスを一層強烈なかたちで受け継いだ。一連の「記憶法」でソヴェト期の遺産を全否定する一方、バンデラ派を「民族的英雄」とし、共産党を非合法化した。ドンバスに関するミンスク停戦合意については、その履行に消極的姿勢を示した。

二〇一九年春の大統領選挙では、喜劇俳優でエンターテインメント企業家でもあるゼレンスキーが、ポロシェンコを大差で破って当選した。すぐに続いた議会選挙では、ゼレンスキーのつくった与党「人民の僕《しもべ》」が単独過半数を獲得した。ゼレンスキーは選挙キャンペーン時には「外交による紛争解決」を掲げており、ポロシェンコ時代と決別するかに思われていた。しかし、その後のゼレンスキー政権の政策はジグザグを重ねた。当初圧倒的に高かったゼレンスキーの支持率は次第に低下した。支持基盤が揺らぐなかで、ゼレンスキーもポロシェンコ同様に急進ナショナリストの支持を重視するようになり、ロシアとの関係も緊張を高めるようになった。

二〇二二年二月に始まった戦争は挙国一致状況を生み出した。それまで低下しつつあったゼレンスキーの支持率は一挙に急上昇し、彼は全国民の団結の象徴という位置を占めるようになった。それまでロシアにたいして愛憎半ばする両義的感情が広まっていたウクライナで、これ以降、一挙に反ロシア的団結が一般化した。NATO加盟論は元来必ずしも世論の多数を占めていなかったが、開戦とともに多数の支持を集めるようになった。

ウクライナは戦争のなかで大規模な破壊をこうむり、大量の難民・避難民を生み出したが、NATO諸国からの武器援助を得て、ロシア軍の攻撃を各地で撃退した。ロシア軍はウクライナ東部・南部を制圧しようとしており、二〇二二年六月時点で激しい攻防戦が繰り広げられている(九月から十月にかけて、ウクライナ軍はハルキウ州やヘルソン州で攻勢に出て、ロシア軍に後退を強いた。これにたいしてロシア側も必死の反撃を試みており、今後の成り行きは予断を許さない〈二〇二二年十月、校正時の追記〉)。

ベラルーシ

独立時に大統領制が導入されていなかったベラルーシでは、一九九四年に最初の大統領選挙がおこなわれた。それまで最高会議議長だったシュシュケヴィチ――人民戦線メンバーではなかったが相対的に人民戦線寄りで、「ベラルーシ化」推進の立場――の地位はすでに揺らいでいた。人民戦線の急進民族主義は広い範囲の大衆的支持を集めることができず、それまで首相だったケービチ――いち早く共産党から離党し、政策的にはロシアとの協調重視、経済面では漸進的な市場経済化路線――が有力候補とみなされた。しかし、選挙直前になって、腐敗・犯罪との闘争を強調するルカシェンコがダークホースとして急浮上した。六月の第一回投票ではルカシェンコ四五%、ケービチ一七%、ポズニャク(人民戦線)一三%、シュシュケヴィチ一〇%の順となり、七月の決選投票ではルカシェンコが八一％の得票で圧勝した。官僚の腐敗を追及するポピュリスト的姿勢とロシアとの統合を推進する主張が広い支持を得たかたちになった。

一九九五年の国民投票では、ロシア語をベラルーシ語と同格の国家語とすること、国章の変更（民族主義的シンボルから、ソヴェト時代と似たものへの変更）、ロシアとの経済統合、大統領に議会解散権を付与することの四点が問われ、いずれも高い賛成票を集めて可決された。もともとベラルーシではベラルーシ人も日常的にロシア語を使うのが普通であり、九〇年代前半の「ベラルーシ語化」政策には無理があったとの認識が広まり、ロシア語優位の現実が公認されるようになった。もっとも、九〇年代前半ほど性急でないかたちでのベラルーシ語普及の努力はその後も続けられ、従来ベラルーシ語をあまり使わなかった知識人のあいだでベラルーシ語を使う人も徐々に増大するようになった。

このようにして出発したルカシェンコ政権は、最初のうちはそれなりの大衆的支持を得ていたが、時間とともに各種の矛盾をあらわにするようになった。ルカシェンコが目標としたロシアとの統合は、一九九六年にロシアとの「共同体」形成の条約、九七年には「連合」条約、九八年にはさらなる統合深化を目指す条約締結というかたちをとったが、この「連合」に託した期待はロシアとベラルーシで食い違いがあり（ルカシェンコは連合国家の大統領になる野心をいだいていたとされる）、具体性を欠いたものにとどまった。

ルカシェンコ大統領の任期は元来、一九九九年までの五年間と予定されていたが、一九九六年の憲法改正で七年間へと延長された。この憲法改正を承認した国民投票については正統性に疑問が投げかけられ、長期政権化にともなう「権威主義」との批判があらわれた。二〇〇一年大統領選挙の時期までに反対派は周辺化されて、無力となっていた。公式発表ではルカシェンコが七五%もの得票で当選とされたが、この数字は過度に高く、不正選挙を指摘する批判の声があがった。野党が極度に弱体化しているなかではルカシェンコの当選自体は不正なしでも確実だったが、あえて非現実的に高い得票率を演出したのは地方幹部が忠誠心誇示の競争をしたためと観測された。

再選されたルカシェンコの任期は二〇〇六年までで、三選不可となっていたが、二〇〇四年十月の国民投票で、大統領三選を可能にする憲法改正が可決された。同時におこなわれた下院選挙では野党推薦候補は一人も当選せず、ルカシェンコの思惑通りの結果となった。

二〇〇六年の大統領選挙を前にしたギャラップ社の世論調査によれば、ルカシェンコに投票するつもりという人が五五%、野党候補たるミリンケヴィチに投票するつもりが一七%で、不正の有無にかかわらずルカシェンコの当選可能性が高いと予測された(政府寄り機関の調査では、もっと高いルカシェンコ支持率が示された)。選挙結果の公式発表では、ルカシェンコが八三%、ミリンケヴィチが六%とされた。野党は不正があったとしてやり直しを要求したが、退けられた。OSCEの選挙監視団はこの選挙は公正でなかったと表明した。

ロシアとの「連合」方針は、一九九〇年代にもあまり具体化していなかったが、二〇〇〇年にロシア大統領となったプーチンが統合に消極的姿勢をとったため、「連合」具体化の展望はさらに遠のいた。ロシアがベラルーシとの経済関係を国際価格に近づけることを要求したため、両国間の関係は緊張し(特にガス価格をめぐる論争)、そのためベラルーシはロシアと西欧を両天秤にかける外交路線をとろうとした。西欧諸国は一面でルカシェンコ政権の正統性に疑念をいだきつつも、他面でベラルーシをロシアから引き離すために、ある程度ベラルーシに宥和的な態度をとるようになった。

つぎの大統領選挙は二〇一一年と予定されていたが、二〇一〇年十二月に繰り上げられた。独立世論調査機関の調査結果によれば、四選に出馬したルカシェンコの支持率は四割以下に落ちていたが、有力な対抗候補はいなかった。ロシア政権はルカシェンコを支える動機はなかったが、他の対抗候補を担ぎ出すこともできず、情勢を静観した。選挙結果の公式発表ではルカシェンコが八〇%の得票で当選とされた。二〇一五年の大統領選挙も無風であり、ルカシェンコは楽勝した。それでも西欧諸国はベラルーシをロシアから引き離すため宥和的態度を続け、一六年にはそれまでの経済制裁を撤廃した。他方、国際的孤立を深めていたロシアは、二〇一八年ごろからベラルーシとの「連合」に積極的態度を示すようになり、ベラルーシをつなぎ止めようと試みた。

二〇二〇年八月の大統領選挙では、ルカシェンコへの対抗候補ツィハノフスカヤを支援する運動がかつてない高まりをみせた。選挙自体はルカシェンコの大勝で終わったが、その後も不正選挙追及の大衆運動が持続し、それ以前の無風状態とは対照的に大衆的な反政府運動が展開した。そこには、独立以来三〇年のあいだに世代交代が進んで、特に都市部で「ベラルーシ人」意識が成長していたこと、コロナ禍にともなう経済不振および社会的逼塞感などが作用していた。SNSの普及も大きな役割を果たした。この時の大衆運動の焦点は反ルカシェンコという一点に絞られ、必ずしも反ロシアとかEUへの合流ということではなかったが、ルカシェンコが自己の支えをロシアに求め、ロシアがこれに応じようとしたことは、もともと反ロシア・EU寄りではなかった人々をもその方向に追いやる効果をもった。

二〇二一年秋には、イラク、シリア、アフガニスタンからやってきた難民が、ベラルーシからポーランドに入ろうとして、ポーランド国境でせき止められたことが国際的注目を集めた。

二〇二二年にロシアがウクライナに戦争を仕掛けると、ベラルーシは基本的にロシア寄りの立場をとりつつも、全面コミットは避けようとする微妙な態度を示している。

モルドヴァ

独立モルドヴァの初代および第二代大統領のスネグルとルチンスキーは、いずれも元の共産党内改革派の流れをくみ、民族路線に乗り換えたという共通性をもっていた。モルドヴァの抱える大きな問題として内部の二つの少数派地域の動向があり、特に沿ドニエストルでは長く不安定な状況が続いた。他方、ガガウス人地域は一九九四〜九五年にモルドヴァ内での自治という位置を得て、一応の決着をみた。

もう一つの大きな問題はルーマニアとの統一の是非にあった。一九九四年三月の国民投票は、独立国家として現在の国境を維持する――つまり、ルーマニアとは統合しない――ことに賛成かとの問いにたいして、投票率七割以上、投票者中の賛成九割以上で圧倒的に支持された。一連の世論調査でも統一反対が一貫して多数を占めた。いわゆる「一民族・二国家」論――ルーマニアとモルドヴァは事実上、同じ言語を用いる同じ民族であっても、国家は別個に維持するべきだという考え――が多数の支持を得て確定した。その後、ルーマニアが二〇〇二年にNATO、〇七年にEUに加盟したことは、モルドヴァのNATO・EUとの関係という新しい問題を浮上させた。

当初の大統領選挙は直接選挙だったが、二〇〇〇年の憲法改正で議会選出に改められた。もっとも、大統領に権威をもたせるため、議会の単純過半数ではなく三分の二の多数で選出されるという規定がとられた。二〇〇一年二月の議会選挙では共産党が一〇一議席中の七一を制したことから、共産党のヴォローニンが四月に大統領に選出された。社会民主主義化しつつあったとはいえ「共産党」の名をもつ政党が政権を掌握する珍しい例となった。二〇〇五年三月の議会選挙では共産党の獲得議席は三分の二に届かなかったが、共産党が反ロシア・親欧米路線をとったことから野党もヴォローニン再選を支持し、第二期ヴォローニン政権が発足した。

二〇〇九年四月の議会選挙ののち、野党が共産党による不正選挙を訴えて、暴動的な事態が生じた。

選挙やり直しのあとの議会では三分の二の多数派が形成されず、大統領を選出できない状況が長く続いた。ようやく二〇一二年になって、「欧州統合連合」の推す無党派のティモフティが大統領に選出された。この連合は自由党、民主党、自由民主党の寄り合い所帯だったが、オリガルヒのプラホトニュクが民主党に入党し、権力と財力を結合した「プラホトニュク体制」と呼ばれる状況をつくり出したことは新たな政界再編をうながした。

その後、「欧州統合連合」は内部分裂で求心力を失った。他方、共産党から分かれて新たに結成された社会党が共産党の票を奪って躍進し、二〇一四年の議会選挙で相対第一党となった。対外面では共産党がロシアと距離を置いたのにたいし、社会党はロシアに歩み寄ろうとしたが、その後も路線のジグザグが続いた。「親露か親欧米か」という争点は各政党の立ち位置と必ずしも相関しないという複雑な状況が生じた。

二〇一六年三月に憲法裁判所が二〇〇〇年の憲法改正を違憲と判断したため、大統領は再び直接選挙になった。十月の大統領選挙第一回投票では古参政治家たちは決選に残ることができず、社会党のドドンと「欧州統合連合」のサンドゥが十一月の決選に進んで、前者が勝利した。

二〇一九年二月の議会選挙のあと、連立政権形成交渉は難航したが、社会党と「尊厳と真実党および行動と団結の党による選挙ブロック（ＡＣＵＭ）」が連立内閣をつくった。これはロシア寄りの社会党と欧米寄りのＡＣＵＭが「反プラホトニュク」の一点で歩み寄って妥協したことを意味した。プラホトニュク派は各種権力機関を総動員して抵抗したが、結局、彼は出国した。その後も不安定な政治情勢が続いた。

二〇二〇年十一月の大統領選挙では前回と同じ二人の決選となり、今度はサンドゥが勝利した。この時点での議会は社会党優位だったため保革連立体制となったが、二一年七月の議会選挙でサンドゥ派の「行動と連帯党」（ＡＣＵＭを構成していた党）が一〇一議席中の六三議席を獲得して、ねじれが解消された。

こうして、二〇二二年のウクライナ戦争勃発に先立つ時期に、モルドヴァは大統領・議会とも欧州統合派が掌握するにいたった。そうしたなかで生じた戦争は、モルドヴァがウクライナと地理的に接していることから強い危機感を生んだ（「親露派」の嫌疑をかけられたドドン元大統領は五月に汚職容疑で逮捕された）。ロシア軍が沿ドニエストルにまで進出するのではないかとの観測もあらわれたが、二〇二二年六月時点で現実化していない。

2　中央アジア諸国

中央アジア諸国は住民の多数派がムスリムであり、主たる言語は――ペルシャ系のタジク語を除き

――チュルク系であること、ソ連時代の「現地化」政策によって現地民族エリートが形成され、彼らが新興国家の主たる担い手となったこと（初代大統領の多くは、一部の例外を除き、かつての共和国共産党第一書記だった）、ソ連時代最末期にいたるまで独立論は有力でなく、むしろ同盟維持論が優勢だったなどという共通性をもっていた。とはいえ、各国ごとの個性の差もあり、時間の経緯とともにその差は明瞭なものとなってきた。二〇二二年のロシア＝ウクライナ戦争勃発にともない、これら諸国は、一面でロシアとの関係を維持しつつ、他面で戦争や制裁の余波の波及を避けて欧米諸国との関係も維持するという困難な課題に直面するようになった。

カザフスタン

初代カザフスタン大統領ナザルバエフは、ペレストロイカ期から独立直後にかけての時期には穏健改革派と目されていた。カザフ人と在住ロシア人の潜在的対抗関係のなかで巧みにバランスをとって国の安定を確保し、経済面では漸進的な市場化政策を進める大統領として、諸外国でも評価が高かった。議会には複数の政党が存在し、競争的選挙と議会における活発な論戦もあった。外交面では、独立国家共同体（ＣＩＳ）統合積極論で、「ユーラシア共同体」形成に熱心だった。

一九九五年の新憲法は大統領の権限を強め、これを境に、統治の権威主義化が指摘されるようになった。権威主義的統治手法は、住民の多民族的構成や市場移行にともなう経済困難のなかで諸勢力の上に立つ権威ある指導者が必要だというレトリックによって正当化されたが、次第に少数のエリート集団による寡頭支配という色彩を帯びるようになった。大統領在任期間の長期化――当初は三選禁止の制約があったが、数次にわたる憲法改正で解除され、事実上の終身政権が可能となった――は政権の硬直化と統治エリートの腐敗を促進した。政権を批判する野党は次第に政治の舞台から排除され、巨大与党「ヌル・オタン」が圧倒的な議席を確保するようになった。

独立時点でのカザフスタンは多くの非カザフ人を抱える多民族国家だったが、その後の三〇年のあいだに人口の民族構成は大きく変わった。ロシア人やドイツ人が国外流出する一方、国外に在住していた民族的カザフ人の呼び寄せ政策がとられて、カザフ人の比率は一九八九年の四〇%から二〇二二年の七〇%へと上昇した。従来、都市部ではカザフ語よりもロシア語が優勢だったが、人口構成の変化を背景に、カザフ語の普及と脱ロシア語化が次第に進みつつある。

三〇年近く大統領の職にあり続けたナザルバエフは二〇一九年三月に大統領を辞職し、トカエフ上院議長が大統領代行を経て六月の選挙で正式に後継大統領となった。もっとも、ナザルバエフは政治から引退したわけではなく、「初代大統領」という独自の資格で一種の「院政」を敷こうとした。この状況を変えるきっかけとなったのは、二〇二二年初頭に燃料価格引き上げへの抗議を契機とする大衆的な反政府運動が起きたことである。これは当初は平和的な運動だったが、まもなく大規模な暴動に転化した。トカエフ大統領は鎮圧のため、ロシアをはじめとする集団安全保障条約機構に支援を仰ぎ、暴動は短期間に鎮圧された。この事件を契機に、それまで隠然たる勢力を保持していたナザルバエフは安全保障会議議長職から解任され、彼とつながる勢力の影響力が削減された。その直後に勃発したロシア・ウクライナ戦争は、ロシアへの依存と自立の両面をもつカザフスタン指導部に困難な課題を突きつけ、微妙な模索が進行している。

ウズベキスタン

初代のウズベキスタン大統領カリモフは、権威主義的統治と「上からの市場経済化」を組み合わせる政策を特徴としていた。権威主義的統治の一つの要因として「イスラーム原理主義」への警戒があり、「イスラーム過激派」への厳しい弾圧政策がとられた。対外面では、CISに一応加盟したものの、あまり統合に熱心でなく、独自路線を進もうとした。CISの集団安全保障条約からは一九九九年に離脱した(二〇〇六年には集団安全保障条約機構に加入したが、一二年に再度離脱した)。もっとも、上海協力機構には二〇〇一年に参加した。また、「九・一一」以降はアメリカによる「対テロ戦争」に協力して基地を提供するなど、外交政策は複雑に揺れた。

ウズベキスタンでも当初は大統領の任期制限があったが、憲法改正により当選回数が数え直されることで制約が外れ、カリモフは長期にわたって大統領の座にあり続けた。ペレストロイカ期に登場した「ビルリク」や「エルク」などの野党は禁圧され、人民民主党と改称した旧共産党が議会で多数派を確保した。カリモフ自身は二〇〇七年以降、自由民主党からの推薦を得るようになり、同党は議会で人民民主党をしのぐようになった。

四半世紀にわたってウズベキスタンを統治していたカリモフは、二〇一六年九月に死去した。大統領代行となったミルジヨエフ首相は、十二月の大統領選挙で正式にその職を継いだ。彼はもともとカリモフ体制を支える立場にあったが、大統領就任後はある程度カリモフ離れをみせるようになった。それまでロシアと距離を置く政策をとっていたウズベキスタンでロシアとの接近の兆しがみえるようになったのはそのあらわれである(二〇二〇年十二月にはユーラシア経済連合にオブザーヴァー参加)。ロシアとの関係重視の一因としては、大量の労働移民をロシアに送り出していて、出稼ぎ労働者からの送金が重要な収入源となっていることがある。

ミルジヨエフ政権下のウズベキスタンは、対外経済開放を目指して、外貨交換の自由化、土地私有化、大規模国営企業の民営化などを進めた。信教の自由も強調され、「イスラーム過激派」への警戒もある程度緩む兆しがある。対外的には、国境を接する中央アジア四ヵ国との関係強化も進められている。

二〇二一年十月の大統領選挙では現職のミルジヨフが八〇%の得票率で圧勝した。正式に登録されている五つの政党はそれぞれ大統領候補を出したが、ごく僅かの票しか集められなかった。ミルジヨフ期の政治はカリモフ期に比べれば一定の変化をみせているとはいえ、権威主義性の持続も指摘されている。

キルギス(クルグズスタン)

キルギスの初代大統領アカエフは、ペレストロイカ末期の中央アジアで唯一、元共産党第一書記ではなかった人が大統領になったという特異性をもっていた。もっとも、反体制派だったわけではなく、共産党エリートの一員ではあったが、どちらかといえば非政治的な理系の学者(元共和国科学アカデミー総裁)だった。ソ連全体の政治との関わりでいえば、相対的にゴルバチョフ寄りの立場をとっていた。

キルギスは資源や産業に乏しく経済的発展の条件が制約されているなかで、「民主的で改革派的な政権」ということを欧米諸国へのアピール・ポイントとしていた。対外政策としては、全方位路線をとり、特定の国との密着は避けていた。このようにして一応の安定を確保したアカエフ政権は、一九九〇年代後半以降、次第に権威主義的統治への傾斜が指摘されるようになった。反対勢力への圧力やマスメディアへの統制が強められ出した。大統領の任期制限は憲法改正で緩められ、アカエフは一九九〇年の大統領就任から一五年間、その座にとどまり続けた。

二〇〇五年二~三月の議会選挙に際して反政府運動が高揚し、政府庁舎に群衆が乱入するなかでアカエフは国外逃亡した(いわゆる「チューリップ革命」)。七月に大統領選挙がおこなわれて、バキエフが当選した。彼は〇九年の大統領選挙でも再選されたが、野党から不正選挙を指摘され、一〇年四月の大衆運動で逃亡を余儀なくされた（「四月革命」）。臨時政府の首班には、オトゥンバエヴァ元外相――「チューリップ革命」のときにはバキエフと協力していたが、まもなく袂《たもと》を分かっていた――が就任した。七月にはオトゥンバエヴァが国民投票での信任を得て、一一年までの暫定大統領となった。

二〇一一年の大統領選挙では、野党政治家のアタンバエフが当選した。新憲法の下で議会は活性化したが、多数の政党の連合合従は不安定な政治状況を生み出した。アタンバエフは自己の基盤となる社会民主党の強化に努め、一五年の議会選挙では同党が相対第一党となった。一七年には、大統領再選禁止規定のため自ら立候補することのできないアタンバエフは部下のジェンベコフを推薦して、彼が当選した。しかし、ジェンベコフは就任後に前任者と対立するようになり、一九年にアタンバエフは逮捕・投獄され、社会民主党は分裂した。

二〇二〇年十月の議会選挙は、一二〇議席をめぐって一六政党が競争するという混戦となった。最低得票率の七％を超えたのは四政党にとどまり、与党系の三政党が一〇七議席を獲得する一方、野党で議席を獲得したのは一政党のみにとどまった。この結果をみて、群衆が不正選挙糾弾を叫び、政府庁舎に乱入して、流血をともなう騒乱となった。ジェンベコフ大統領は事態沈静化のために選挙結果の無効を宣言し、選挙管理委員会もこれを認めた。野党からは、獄中にいたジャパロフ元議員を首相とする新政府の発足を要求する声が出た。しばらく混乱が続いた後、ジャパロフ内閣が発足し、ジェンベコフ大統領は辞任した。こうして、二〇〇五年の「チューリップ革命」、二〇一〇年の「四月革命」に続いて、三回目の「革命」となった。

二〇二一年一月の大統領選挙では低投票率ながら、それまで首相だったジャパロフが七九％の得票で勝利した。大統領制と議会制のどちらをとるかを問う国民投票も同時におこなわれ、大統領制賛成が八一％に達した。このように、キルギスでは「民主化」運動から生まれた政権が自ら権威主義性を批判されて打倒されるというサイクルが何度も繰り返されている。

トルクメニスタン

トルクメニスタンはソ連時代には中央アジアのなかでももっとも保守的で、中央に従順と見られていたが、一旦独立国となると、天然ガス資源に恵まれているという利点を生かして、ＣＩＳにたいして距離を置き、熱烈に独立性を主張するようになった。共産党第一書記として大統領になったニヤゾフ(ヌヤゾフ)は共産党を民主党と改称し、野党を許さない権威主義的統治を続け、上からの市場経済移行を進めた。対外的には、資源を梃子にイラン、トルコなどに接近し、アフガニスタンのタリバン政権とも良好な関係を維持して、「永世中立」を宣言した(一九九五年に国連総会で承認)。

トルクメニスタンは人口中の基幹民族比が高いおかげで民族間紛争を免れており、国境紛争もなく、一応の政治的安定が保たれた。ニヤゾフは大統領であるだけでなく、「トルクメンバシ(トルクメン人の指導者の意)」の称号を与えられ、共和国長老会議議長、世界トルクメン人人道協会総裁、そしてトルクメン民主党(元の共産党)議長を兼ねた。反対派にたいしては厳しい弾圧政策が続いた。

一九九四年一月の国民投票でニヤゾフ大統領の任期は二〇〇二年までに延長された。九九年十二月に議会で可決された憲法改正は任期自体を廃止して、事実上の終身大統領へと道を開いた。もっとも、ニヤゾフ自身は〇一年二月に終身大統領制を否定する発言をおこない、世襲制にするつもりもないと述べた。〇二年夏にも議会が終身化を要請したが、彼は反対を表明した。

長期にわたって大統領であり続けたニヤゾフは二〇〇六年十二月に死去し、グルバングル・ベルドイムハメドフ副首相が大統領代行となった。ベルドィムハメドフ新政権はインターネットなどの情報統制を緩和したり、複数政党制の可能性を示唆するなど、一定の「改革」のポーズをとった。時を同じくして新たな巨大ガス田が発見されたことはこの国の資源への国際的注目を高め、ガス輸送ルートをめぐって、中国をはじめとする各国の競合が展開することになった。

二〇〇七年二月の大統領選挙では、ベルドィムハメドフら計六人が候補として登録されたが、予想通り彼が圧勝した。〇八年十二月に新しい国歌法で国歌の歌詞から「トルクメンバシ」の語が削除されたことは、中途半端ながら部分的な改革の兆しと見られた。一二年二月の大統領選挙では、ベルドィムハメドフ以外の候補も登録された(ただし、みな与党系)が、ベルドィムハメドフが九七%の得票で圧勝した。

二〇二二年三月の大統領選挙では、現職者の長男セルダル・ベルドィムハメドフ副首相が当選し、大統領職の世襲が実現した。父親の前大統領は上院議長に横滑りした。

タジキスタン

ソ連時代最末期のタジキスタン大統領選挙(一九九一年十一月)では共産党のナビエフと「民主派」の映画監督フドナザーロフが争ったが、ナビエフが当選とされたことへの抗議運動が広がり、一九九二年春以降、野党攻勢が強まった。一時は政権が譲歩して、在野勢力の代表を政府に入れるという妥協が成立しかけたが、政権内の強硬派が武力で巻き返し、本格的な内戦状況が現出した。この内戦は、政権(共産派)対野党という構図のほかに、タジク人のあいだの南北対立、ゴルノ＝バダフシャン自治州のパミール人問題、隣接するウズベキスタンの事実上の介入、さらにはアフガニスタン内戦との事実上の一体化などが絡んで、複合的な性格をもって展開された。

ナビエフ大統領は一九九二年九月に退陣を余儀なくされたが、これには政権内の抗争が絡んでいた。伝統的に支配エリートを輩出してきた北部閥のなかでナビエフ派と反ナビエフ派の分裂が生じるなかで、南のクリャブ州の勢力が軍事力を梃子に急速に台頭した。九二年十一月に最高会議議長となったエモマリ・ラフモノフ(九四年十一月からは大統領)はクリャブ出身であり、以後、この勢力を中心として政権が立て直された。軍事力で優位に立つラフモノフ政権は、九二年末〜九三年初頭までに全土制圧を宣言した。もっとも、反対派のゲリラ活動はその後も続いた。

一九九六年にアフガニスタンでタリバンが勢力を伸ばしたことはタジキスタンの諸勢力に危機感をいだかせ、諸派妥協による和平への気運が高まった。こうして九七年六月に政府と野党連合——イスラーム復興党、ラストヘズ(復活)党、民主党の連合——のあいだで和平協定が結ばれた。和平後の政府では閣僚ポストの三割が旧野党勢力に割り当てられることになった。

和平協定直後のタジキスタンはまだ不安定であり、一九九八年七月には、日本の秋野豊を含む監視団関係者が暗殺される事件が起きた。もっとも、その後、次第に治安は回復した。九九年十一月の大統領選挙ではラフモノフが九六％の得票率で圧勝した。その後、旧野党に割り当てられる閣僚数は漸次削減され、大統領を中心とする権威主義的統治への傾斜が強まった。数次にわたる憲法改正で大統領の任期は延長され、ラフモノフは二〇〇六年に三選、一三年に四選された(なお、彼は、姓についていたロシア風の接尾辞を除去して、〇七年にラフモンと改姓した)。他方、旧野党の存在感は、〇六年にイスラーム復興党党首ヌーリーが死去したあとはますます低下し、一一年にはその閣僚数はゼロになった。

経済面では、長きにわたった内戦の後遺症が重く、低所得状態が続いている。そのため、ロシアへの出稼ぎ労働者からの送金収入に依拠するところが大きい。近年では、「一帯一路」を掲げた中国の影響力も強まっている。

二〇一五年十二月の法律はラフモン大統領に「国民の指導者」の称号を授与し、大統領退任後も政権に関与できることとし、幅広い特権を付与した。これは大統領職を長男のルスタム・ラフモンに譲って、父は「国民の指導者」の名の下に「院政」を敷く準備と見られた。しかし、ルスタムがまだ若いことから、二〇二〇年の大統領選挙ではラフモン（父）が五選を果たした。内戦の記憶があることから、安定を回復したラフモンへの支持率は高く、ゴルノ＝バダフシャン自治州を別にすれば反政府運動もほとんど見られない。

3　ザカフカース（南コーカサス）諸国

サカルトヴェロ

サカルトヴェロ（ロシア語風にはグルジア、英語風にはジョージアだが、独立後を扱うこの章ではサカルトヴェロと表記する）は、ソ連最末期に内戦状態だったため、ＣＩＳに入ることもできなければ、アメリカをはじめとする諸外国から国家承認を受けることもなく、国連加盟もできずにいた。モスクワから呼び戻されたシェワルナゼのもとでロシアと国交を結び、それを受けて諸外国から国家承認されて、一九九二年七月にようやく国連加盟を果たした。九三年十月にはＣＩＳへの加盟を申請した（九四年三月に議会で批准）。その後も、諸政治勢力間の激しい政争に加えて、アブハジアでの内戦もあって、不安定な状態が続いたが、九四年二月にロシアと友好善隣協力条約を結び、同年九月にはロシア、サカルトヴェロ、アブハジアの首脳会談で停戦協定が調印されて、不安定ながらも脆い平和状態に移行した。

一九九五年八月には新憲法が制定され、それに続く十一月の大統領選挙でシェワルナゼが当選した。シェワルナゼ政権はロシアとの関係正常化によって一応の安定を獲得したとはいえ、過度にロシアに依存することへの批判も強く、政権自身もロシアと距離を置くようになった。九九年には、CISの集団安全保障条約から脱退し、将来におけるNATOへの加盟可能性を示唆するようになった。

二〇〇〇年四月の大統領選挙では、現職のシェワルナゼと共産党のパティアシヴィリが争って、前者が約八割の得票で当選した。再選されたシェワルナゼは翌年に訪米して、アメリカとの協調確保に努めた。他方、国内では腐敗汚職問題がクローズアップされて、政権内部での政争のもととなった。特にサーカシヴィリ司法相は腐敗対策を重視し、大物政治家を追及しようとした。閣内での対抗が続くなかで、シェワルナゼは全閣僚を解任して、政争の調停者としての地位に立とうとした。しかし、国内での政争が続いただけでなく、チェチェン・ゲリラへの対応をめぐりロシアとの緊張が高まって、政治は一層不安定化した。

二〇〇三年十一月、議会選挙の渦中に野党が「不正選挙」を訴え、開票作業が途中で停止された。

野党勢力はシェワルナゼ退陣を要求して、連日のデモを続けた。騒然たる状況のなかで、ロシアのイワノフ外相が調停のために来訪し、説得を受けてシェワルナゼは辞任を決意した。〇四年一月の大統領選挙では、サーカシヴィリが八割以上の得票で圧勝した(この政権交代は「バラ革命」と称された)。もっとも、この選挙にアブハジアと南オセチアは参加せず、アジャールでの投票率はごく低かった。

大統領に就任したサーカシヴィリは、アメリカ帰りの若手(当時三六歳)で、アメリカ流の新自由主義政策を忠実に実行しようとした。対外面では、アメリカの要請を受けてイラクへの派兵を大幅に増員した(二〇〇八年時点でサカルトヴェロはアメリカ、イギリスについで三番目に大きな兵力をイラクに送っていた)。トビリシの都心から空港に通じる道路は「ジョージ・ブッシュ通り」と名付けられた。このようなサーカシヴィリの親米政策は毀誉褒貶《きよほうへん》の対象となった。

二〇〇五年にサーカシヴィリ政権はロシアにたいして、翌年一月までの軍基地撤退を要求した。但し、アブハジアおよび南オセチアに平和維持部隊として駐屯しているロシア部隊は当初対象外だったが、翌年にはこれについても撤退を要求し、ロシアとの対抗が一段と強まった。他方では、国内でも与野党間の政争が高まり、〇七年秋にはサーカシヴィリ退陣を要求する集会やデモが広がった。十一月には全土非常事態が導入された。

二〇〇八年一月の大統領選挙では、サーカシヴィリが五二%の得票で当選したが、野党はこれを「不正」とみなし、抗議行動を展開した。続く五月の議会選挙についても野党は不正選挙を訴え、抗議運動を繰り広げた。国際面では、同時期にNATO加盟の可能性がアメリカの支持を得て急浮上したため、ロシアとの緊張はさらに高まった。

このような情勢のなかで、八月にサーカシヴィリ政権は軍を南オセチアに進撃させた。ロシアは南オセチア保護の名目で介入し、数日間の戦争状態に突入した。ロシア軍はサカルトヴェロ軍を追撃して、南オセチアだけでなく近接するゴリなどにも一時進駐したが、まもなく停戦にいたり、九月半ばに軍を撤退させた。そのあいだにロシアは南オセチアおよびアブハジアの独立を承認した。他方、サカルトヴェロはただちにCISから脱退し、ロシアとの国交も断絶した。

八月の戦争時には大多数の国民が政権のまわりに結集していたが、ロシア軍が撤退し、国際的緊張もある程度和らぐと、国内の野党勢力からの政権批判が再燃した。そうしたなかで、二〇一〇年末の憲法改正は大統領の地位を引き下げて、首相が実権を行使する国制に移行した。これは、すでに大統領二期目に入っていたサーカシヴィリが首相に横滑りすることで実権を握ることを目論むものと見られた。

二〇一二年秋の議会選挙では、サーカシヴィリ与党の統一国民運動と、富豪イワニシヴィリに率いられる「サカルトヴェロの夢」が激しく争ったが、後者が八五議席で過半数を押さえ、統一国民運動は六五議席にとどまった。これを受けて、議会でイワニシヴィリが首相に選出され、彼が政治の実権を握る時代が始まった(もっとも、彼は首相職には短期間しか就かず、他の者に首相を任せた)。新政権のもとで、それまで極度に悪くなっていた対ロシア関係の改善が進められた。ロシアによるワイン禁輸は解除され、直行便も再開し、国交回復への地ならしが進行した。なお、サーカシヴィリは大統領退任後、国外に逃れ、ウクライナの政治家になった(サカルトヴェロの裁判所で被告不在のまま権力乱用の罪で実刑判決を受け、二〇二一年に帰国した際に逮捕された)。

二〇一六年の議会選挙では与党が大勝し、このことは政治を安定させるかに見えた。しかし、一九年六月にロシア下院副議長が国際正教徒議員連盟の一員としてサカルトヴェロを訪問し、両民族がともに正教徒であることを称える演説をおこなったことに抗議する大衆運動が広がり、暴動が起きた。これを契機に、一時好転しかけていたロシアとの関係は再び悪化した。二〇年十月の議会選挙では、与党の総議席は前回の一一五から九〇へと減少したが、絶対多数であることに変わりなく、勝利を宣言した。これにたいして、野党は不正選挙を訴え、政情は騒然とした。

二〇二二年のロシア・ウクライナ戦争勃発に際して、サカルトヴェロは南オセチアおよびアブハジアというロシアとの係争地を抱え、地理的にもそれほど遠くないという意味で波及可能性が恐れられたが、六月現在、とりあえず非介入の態度をとることで波及を防いでいる。

ナゴルノ＝カラバフ

ナゴルノ＝カラバフの帰属をめぐるアゼルバイジャンとアルメニアの抗争はソ連時代末期に尖鋭化

していたが、ソ連解体にともなって調停者が消滅するなかで本格的な国家間戦争となった。アルメニアの支援を受けた「ナゴルノ＝カラバフ共和国」は一九九二年から九三年にかけて、アゼルバイジャンの政治的混乱に乗じて攻勢をかけ、元来の境界線をこえる範囲を実効統治する状態を既成事実化した。軍事力による領土拡大は国際的に認められないため、アルメニアおよびナゴルノ＝カラバフは軍事的勝利の反面として外交的には孤立することになった。

打ち続く戦闘で双方とも消耗するなかで、ロシアの仲介による停戦交渉が進み、一九九四年七月にアルメニア、アゼルバイジャン、ナゴルノ＝カラバフのあいだで停戦が成立した。領土をめぐる対立自体は未決着のままに残ったが、とりあえず戦闘状態は収まり、「凍結された紛争」の様相を呈するようになった。その後、カスピ海油田の石油搬送のためのパイプライン敷設問題と絡んで、領土交換による紛争解決案が複数提示されたが、実現にはいたらなかった。

一九九七年、ＯＳＣＥのミンスク・グループ（ロシア、フランス、アメリカが共同議長国）による和平仲介が活発化した。アルメニアのテル＝ペトロシャン大統領は紛争解決をミンスク・グループに委ねると表明し、アメリカもアゼルバイジャンもこれを歓迎した。しかし、当のナゴルノ＝カラバフはこれを屈服だと受けとめて抵抗し、アルメニア国内でも反発が大きかった。結局、テル＝ペトロシャンは九八年二月に退陣し、紛争解決は実現しなかった。

長らく「凍結」状態にあったナゴルノ＝カラバフ紛争は二〇一〇年代に入って再燃の兆しを見せ、

一六年四月には死者をともなう武力衝突が起きた。その後も衝突は拡大し、二〇年九月には、トルコの支援を受けたアゼルバイジャンが本格的な攻勢をかけた。アルメニアはロシアを中心とする集団安全保障条約機構（CSTO）のメンバーだったが、この衝突はCSTOの関与対象ではないとされ、ロシアの支援を得られなかったアルメニアは軍事的敗勢に追い込まれた。アゼルバイジャンは、これまで占領されていた領土を回復したばかりでなく、元来ナゴルノ＝カラバフ領とされていた地域まで攻め込んだが、アゼルバイジャンがナゴルノ＝カラバフ全体を占領する前に、ロシアの仲介で十一月に停戦が実現した。この戦争でアゼルバイジャンはナゴルノ＝カラバフ内のアゼルバイジャン人地域の中心たるシュシャを制圧したほか、飛び地だったナヒチェヴァンとの連絡通路を獲得し、トルコと陸路でつながることになった。この結果は、負けたアルメニアの内政不安を引き起こす一方、勝ったはずのアゼルバイジャンにも十分な勝利ではないという不満を残した。

二〇二二年二月のウクライナ戦争勃発にともない、これまでナゴルノ＝カラバフ紛争の調停者として振る舞っていたロシアはその役割を果たせなくなった。アゼルバイジャンとアルメニアはいずれもウクライナ戦争の余波の波及を避けつつ、ナゴルノ＝カラバフ紛争をそれぞれに有利な方向に転じさせようと努めているが、六月時点でその帰趨《きすう》は定かでない（同年夏から秋にかけてアゼルバイジャンとアルメニアは何度か軍事衝突を繰り返した。ロシアは調停者となる余力がなく、アメリカが調停を試みているが、十月時点でまだ解決のめどは立っていない〈校正時の追記〉）。

アゼルバイジャン

独立アゼルバイジャンの初代大統領ムタリボフ(旧共産党)、第二代大統領エリチベイ(人民戦線)は、いずれもナゴルノ＝カラバフでの苦戦を背景に短期政権に終わった。一九九三年に第三代大統領となったヘイダル・アリエフは、かつてアゼルバイジャン共産党第一書記やソ連共産党政治局員候補を務めた古手の政治家で、ゴルバチョフ期に失脚していたが、ソ連末期に共産党を離党して民族路線に乗り換え、ナヒチェヴァンを基盤としてアゼルバイジャン政界に復帰した。アリエフ政権は、人民戦線政権期に否定されていたCIS加盟を改めて再確認して国際関係を安定させ、国内的には権威主義的統治と市場経済化の組み合わせによって長期政権の基礎を築いた。

アゼルバイジャン経済の中枢をなす石油産業は、ソ連解体後しばらくは生産が停滞し、原油の国際価格低下もあって低迷していた。経済改革への着手も相対的に遅かった。しかし、一九九〇年代半ばに経済実績は反転の兆しをみせ始め、特にカスピ海底の油田開発が国際的注目を集めるようになった。欧米諸国との経済連携が進み出し、石油に関する利権およびパイプラインをめぐる国際的駆け引きが展開するようになった。

アメリカはもともと国内におけるアルメニア人ディアスポラの圧力で相対的にアルメニア寄りの外交政策をとっていたが、一九九〇年代後半以降、ひとつには石油利権確保のため、もうひとつにはロシアとの地政的対抗の狙いもあって、アゼルバイジャンとの連携を図るようになった。もっとも、アゼルバイジャンはロシアを敵に回すことなく、アメリカとロシアの双方と友好的な関係を維持しようと努めた。

一九九八年十月の大統領選挙ではアリエフが七六％の得票で再選され、二〇〇〇年十一月の議会選挙では、与党「新アゼルバイジャン」が比例区得票率七四％で圧勝した。この与党はもともとアリエフが率いていたが、息子のイルハム・アリエフが副党首となり、後継者候補と目されるようになった。イルハムは〇三年八月には首相となった。アリエフ(父)は高齢かつ病身だったが、イルハムへの世襲方針はすぐには決まらず、父の三選出馬の可能性がほのめかされた。結局、大統領選挙の直前になってアリエフ(父)は立候補を取り下げて、イルハムへの投票を呼びかけた(十二月に死去)。十月の大統領選挙では、イルハムが約八〇％の得票で当選した。野党は大量の不正があったとして、抗議の大衆集会を開き、警察と衝突したが、野党勢力のあいだでの対立もあり、統一した動きをつくり出すことはできなかった。

イルハム政権はロシアとアメリカの双方との協力関係を維持する外交路線をとった。欧米諸国はアゼルバイジャンの「民主主義」の内実には疑問をいだきつつも、石油・ガス資源供給におけるロシア依存への代替候補としてアゼルバイジャンを重要視せざるを得ず、あまり厳しい態度をとろうとはしなかった。

二〇〇八年十月の大統領選挙では、イルハム・アリエフが九割近い得票で当選した。〇九年三月の憲法改正で大統領の三選禁止が解除され、イルハムの三選出馬が可能となった。実際、一三年十月の大統領選挙ではイルハムが八五％の得票で当選した。

二〇一六年の憲法改正で副大統領職が設置され、副大統領には大統領夫人のメフリバン・アリエヴァが就任した。大統領立候補資格の年齢制限は廃止され、まだ若い長男への世襲も可能となった。一八年の大統領選挙ではイルハムが八六％の得票で四選を果たした。

二〇二〇年の第二次ナゴルノ＝カラバフ紛争でアゼルバイジャンが軍事的優位を示したのは、直接にはトルコやイスラエルからの軍事援助のおかげだったが、より構造的には、一九九〇年代半ばから長期にわたって経済が回復し、人口も増大して、国力が増大していたことを反映していた。それでも、この戦争で全面勝利にいたらなかったことへの不満は残り、不安定要因となっている。

アルメニア

アルメニアの初代大統領テル＝ペトロシャンは、ペレストロイカ期の民族運動によって押し上げられた指導者であり、一九九六年にも再選されたが、九七年にナゴルノ＝カラバフ問題で柔軟姿勢をとろうとしたことが野党から批判されて、九八年に辞任を余儀なくされた。その後、コチャリャン、サルキシャンと二代にわたって、ナゴルノ＝カラバフ出身の大統領が続いた。

一九九九年十月、テロリスト・グループが自動小銃をもって議会に乱入し、首相や議会議長を含む要人たちを射殺するというショッキングな事態が起きて、アルメニア社会を震撼させた。事件の背後に関してはさまざまな政治的思惑が取り沙汰されたが、明確な結論は出されないままとなった。ただ、このあとは、ある程度安定を取り戻した。

経済面では、アゼルバイジャンとトルコに挟まれて封鎖に遭っているうえに、ロシアからサカルトヴェロ経由の輸送も不安定となり、地理的に孤立したアルメニアの生産は麻痺状態に陥った。ブランデー製造など一部の産業を除き、これといった産業に乏しく、大量の出稼ぎ流出により、国内居住人口は大きく減少した。このような状況は、第二次ナゴルノ＝カラバフ紛争でアルメニア側が劣勢となる大きな要因となった。

国際面では、アメリカ政府が一九九〇年代半ばまでは親アルメニア的政策をとっていたが、その状況は長続きしなかった。ナゴルノ＝カラバフの隣接地域をアルメニア人勢力が武力制圧したことは国際的承認を得ることができなかったし、アゼルバイジャンが石油を中心として経済回復するなかで、欧米諸国はアゼルバイジャンとの関係を重視して、アルメニアは孤立を深めた。孤立からの脱出のひとつの道として、長年対立していたトルコとの和解が模索され出した。二〇〇一年七月にはトルコとのあいだで和解のための委員会設置が合意されたが、その後の国交正常化交渉は遅々としていた。

二〇〇三年二月の大統領選挙第一回投票では現職のコチャリャンと左派のデミルチャンが一位・二位となり、決選投票ではコチャリャンが六八％の得票で当選した。同年五月の議会選挙にはいくつかの政党が選挙に参加したが、イデオロギー的対抗軸は明確でなく、与党陣営のなかでの政争が続いた。二〇〇四年には野党の運動が活性化して、一時はかなり緊張が高まったが、野党攻勢は六月に収束して、政権は危機を乗り切った。同年七月下旬、コチャリャン大統領と三つの与党——共和党、ダシナキ、「法治国家」——のあいだで、憲法改正案の合意が成立し、議員の数を一三一から一二一に削減することとなった。

二〇〇八年二月の大統領選挙では、現職者が後継者として推したサルキシャンに対抗して、テル＝ペトロシャン元大統領も立候補した。サルキシャンが五三％の得票で当選と発表されたが、テル＝ペトロシャンは、公式発表は偽造されており、自分が当選のはずだとして抗議運動を展開した。野党と警官隊の衝突事件が起き、多数の死傷者が出た。

世紀初頭に始まったトルコとの関係改善の試みは、その後も曲折を重ねた。二〇〇七年六月、アルメニアの外相はトルコに関係正常化を呼びかけ、前提条件をつけることなく外交関係樹立を期待すると表明した。〇八年九月にエレヴァンで開かれたサッカーの国際試合にはトルコのギュル大統領が出席して、サルキシャン・アルメニア大統領と非公式の会談をおこなった。とうとう〇九年十月に、スイスのチューリヒで米・仏・露の外相立ち会いのもと国交正常化議定書が調印されたが、両国とも国内で批准反対運動が続いた。一〇年四月、サルキシャンは、トルコが無条件での批准を拒否していることを理由に、アルメニアでの批准も凍結するという大統領令に署名した。

二〇一三年二月の大統領選挙に際しては、テル＝ペトロシャンはこれをボイコットしたが、アメリカ出身のホヴァニシャン元外相が現職者に挑むという構図になった。結果としては、サルキシャンが五九％、ホヴァニシャンが三七％の得票で、前者が再選された。

二〇一五年の憲法改正で、アルメニアの国制は議院内閣制に移行した。これはサルキシャンが大統領退任後に首相へと横滑りして実権を維持することを目論んだものと観測された。一七年四月の議会選挙では与党の共和党が圧勝し、党首サルキシャンの首相就任が可能となった。しかし、彼が憲法改正時に自分は首相にならないと約束していたのをくつがえしたことは、他の政治勢力の憤激を招いた。パシニャンの率いる「市民協約」などの野党が組織した抗議運動に押されたサルキシャンは退陣し、パシニャンが首相に選出された(この政変は「四月革命」と呼ばれた)。これは外国の介入も暴力沙汰もともなわない変動であり、パシニャンは民主化運動によって押し上げられた政権という評判をとった。これに続く十二月の議会選挙でパシニャン与党が勝利したことにより、パシニャン時代確立の条件が生まれた。もっとも、それまでアルメニアと友好的だったロシアはこの政変を歓迎せず、新政権にたいして距離を置く態度をとった。

二〇二〇年の第二次ナゴルノ＝カラバフ紛争における敗北はアルメニア政治に大きな衝撃を与えた。反政府デモが拡大し、パシニャン退陣要求も高まった。二一年四月、パシニャンは一旦辞任し、六月の議会選挙での「市民協約」勝利を受けて、パシニャンは首相に再任された。しかし、野党はこの選挙は不正だったと主張し、不安定な情勢が続いている。

執筆組当：第４章２，３節，第５章

石井 規衛　いしい　のりえ
1948年生まれ。東京大学大学院人文科学研究科博士課程単位取得退学
東京大学名誉教授
主要著書・訳書：『文明としてのソ連——初期現代の終焉』山川出版社 1995)，『ロシア史を読む』(訳，マルク・ラエフ，名古屋大学出版会 2001)
執筆担当：第８章，第９章

塩川 伸明　しおかわ　のぶあき
1948年生まれ。東京大学大学院社会学研究科博士課程単位取得退学
東京大学名誉教授
主要著書：『終焉のなかのソ連史』(朝日新聞社 1993)，『現存した社会主義——リヴァイアサンの素顔』(勁草書房 1999)，『多民族国家ソ連の興亡』(全３巻，岩波書店 2004-2007)，『民族とネイション』(岩波新書 2008)，『民族浄化・人道的介入・新しい冷戦——冷戦後の国際政治』(有志舎 2011)，『歴史の中のロシア革命とソ連』(有志舎 2020)，『国家の解体——ペレストロイカとソ連の最期』(全３冊，東京大学出版会 2021)
執筆担当：第10章，第11章，第12章，補章

■索　引

人名索引

●サ－ソ

●タ－ト

●ナーノ

●ハ－ホ

●ヤ－ヨ

●ラ－ロ

事項索引

●アーオ

●カ―コ

●サーソ

●タ-ト

●ナ－ノ

●ハ－ホ

●ヤ－ヨ

●ラ－ロ・ワ

■写真引用一覧

1 ……*Иллюстрированная История СССР*, Москва, Мысль, 1987.

2 ……Virginia Cowles, *The Last Tsar & Tsarina*, London, Weidenfeld & Nicholson, 1977.

3 ……Самокиш Н., *Война 1904-1905: из Дневника художника*, Экспедиция заготовления государственных бумаг, Санкт-Петербург, 1908.

4 ……*Цесаревич*, Москва, Вагриус, 1998.

5 ……Allan K. Wildman, *The End of the Russian Imperial Army: The Road to Soviet Power and Peace*, Vol. II, Princeton University Press, 1987.

6 ……*The Soviet Political Poster, 1917-1980: from the USSR Lenin Library Collection*, Moscow, Sovetsky Khudozhnik Publishers, 1984.

7 ……Institute of Marxism-Leninism under Central Committee of the Communist Party of the Soviet Union, *Lenin: Collection of Photographs and Stills*, vol. I, Moscow, Panorama, 1990.

8 ……Baburina N., *Russia 20th Century: History of the Country in Poster*, Moscow, Panorama, 2000

9 ……Золотарев В. А., Севастьянов Г. Н., *Великая Отечественная войска. 1941-1945*, кн.4, Москва, Наука, 1999.

10……Anthony Read, David Fisher, *The Fall of Berlin*, London, Pimlico, 2002.

11……Зубкова Е. Ю., *Послевоенное советское общество: политика и повседневность. 1945-1953*, Москва, РОССПЗН, 2000.

12……Brian Moynahan, *The Russian Century: A Photojournalistic History of Russia in the Twentieth Century*, London, Chatto & Windus, 1994.

13……ギネス・ヒューズ，サイモン・ウェルフェア，ロバート・コンクエスト著，内田健二訳『赤い帝国：禁じられていたソ連史』時事通信社，1992（Gwyneth Huges, Simon Welfare, Robert Conquest, *Red Empire: The Forbidden History of the USSR*, London, 1990.）

p.12――3, pp.30-31
p.14――1, p.200
p.23――2, p.101
p.28――4, p.78
p.54――ノーボスチ通信社提供
p.58――5, p.206-207
p.74――6, p.19
p.89――7, p.378
p.100――6, p.63
p.102――6, p.51
p.111――8, p.113
p.134――9, p.160-161
p.141――10, p.226-227
p.147――11, p.128-129
p.163――12, p.320
p.168――13, p.208
p.171――PANA 通信社提供
p.182――12, p.320
p.186――日本ロシア語情報図書館提供
p.193――PANA 通信社提供
p.212――ユニフォトプレス提供
p.222――PANA 通信社提供
p.230――PANA 通信社提供
p.237――PANA 通信社提供

執筆者紹介(執筆順)

和田 春樹 わだ はるき
1938年生まれ。東京大学文学部西洋史学科卒業
東京大学名誉教授
主要著書：『ニコライ・ラッセル――国境を越えるナロードニキ』(上・下，中央公論社 1973)，『歴史としての社会主義』(岩波新書 1992)，『北方領土問題――過去と未来』(朝日新聞社 1999)，『ヒストリカルガイド ロシア』(山川出版社 2001)，『ロシア革命――ペトログラード 1917年2月』(作品社 2018)，『日露戦争 起源と開戦』(上・下，岩波書店 2009-2010)
執筆担当：序章，第6章，第7章

故細川 滋 ほそかわ しげる
1948年生まれ。東京大学大学院人文科学研究科博士課程単位取得退学
元香川大学教授
主要著書：『西欧と世界』(共著，有斐閣 1981)，『西洋中世像の革新』(共著，刀水書房 1995)，『東欧世界の成立』(山川出版社 1997)，『16世紀ロシアの修道院と人々』(信山社 2002)
執筆担当：第1章

栗生沢 猛夫 くりうざわ たけお
1944年生まれ。北海道大学大学院文学研究科博士課程単位取得退学
北海道大学名誉教授
主要著書：『ボリス・ゴドノフと偽のドミトリー――「動乱」時代のロシア』(山川出版社 1997)，『タタールのくびき――ロシア史におけるモンゴル支配の研究』(東京大学出版 2007)，『図説 ロシアの歴史』(河出書房新社 2010)，『『ロシア原初年代記』を読む――キエフ・ルーシとヨーロッパ、あるいは「ロシアとヨーロッパ」についての覚書』(成文社 2015)，『イヴァン雷帝の『絵入り年代記集成』――モスクワ国家の公式的大図解年代記研究序説』(成文社 2019)，『『絵入り年代記集成』が描くアレクサンドル・ネフスキーとその時代』(全2巻，成文社 2022)
執筆担当：第2章，第3章，第4章1節

土肥 恒之 どひ つねゆき
1947年生まれ。一橋大学大学院社会学研究科博士課程単位取得退学
一橋大学名誉教授
主要著書：『ロシア近世農村社会史』(創文社 1987)，『「死せる魂」の社会史』(日本エディタースクール出版部 1989)，『ピョートル大帝とその時代』(中央公論社 1992)，『岐路に立つ歴史家たち』(山川出版社 2000)

『新版　世界各国史二十二　ロシア史』
二〇〇二年八月　山川出版社刊

YAMAKAWA SELECTION

ロシア史《し》　下

2023年４月20日　第１版１刷　印刷
2023年４月30日　第１版１刷　発行

編者　和田春樹

発行者　野澤武史

発行所　株式会社山川出版社
〒101-0047 東京都千代田区内神田1-13-13
電話03(3293)8131(営業)8134(編集)
https://www.yamakawa.co.jp/
振替 00120-9-43993

印刷所　株式会社太平印刷社

製本所　株式会社ブロケード
装幀　水戸部功

 ISBN978-4-634-42400-5